POLKA

DÉMOKRATIE

CONVARD
SIRO

DARGAUD
EDITEUR
PARIS · BARCELONE · BRUXELLES · LAUSANNE · LONDRES · NEW YORK · STUTTGART

TITRES DÉJÀ PARUS :

LE MAL D'ORPHÉE

DÉMOKRATIE

A.D.HAINE !

À PARAÎTRE :

PHILOSOFT

COULEURS : CHAGNAUD

Dépôt légal : Juin 1998
ISBN : 2-205-04416-8

Imprimé en France - Publiphotoffset, 93500 Pantin - en juin 1998
Printed in France

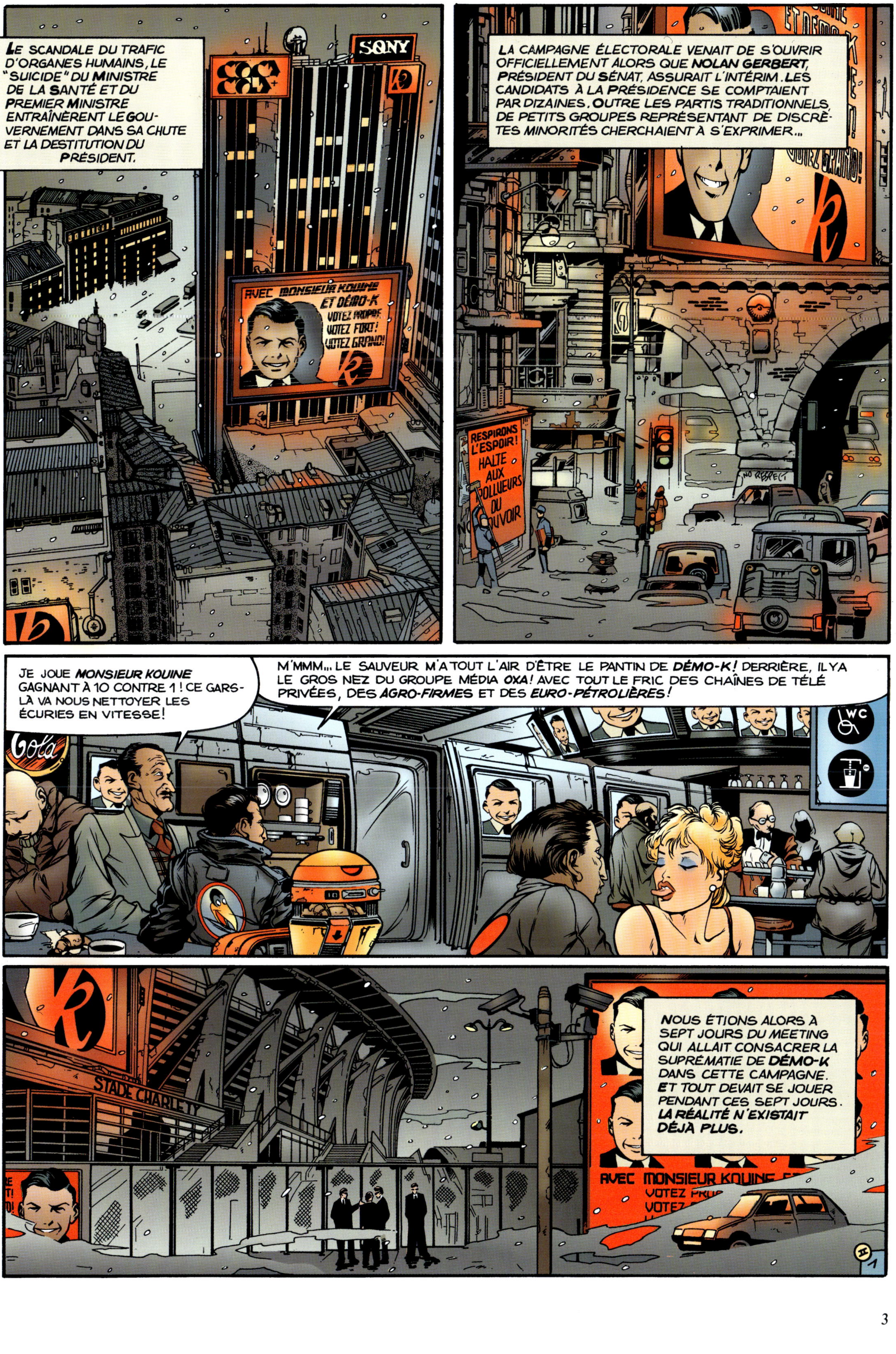
LE SCANDALE DU TRAFIC D'ORGANES HUMAINS, LE "SUICIDE" DU MINISTRE DE LA SANTÉ ET DU PREMIER MINISTRE ENTRAÎNÈRENT LE GOUVERNEMENT DANS SA CHUTE ET LA DESTITUTION DU PRÉSIDENT.
SONY
AVEC MONSIEUR KOUINE ET DÉMO-K
VOTEZ PROPRE
VOTEZ FORT!
VOTEZ GRAND!
LA CAMPAGNE ÉLECTORALE VENAIT DE S'OUVRIR OFFICIELLEMENT ALORS QUE NOLAN GERBERT, PRÉSIDENT DU SÉNAT, ASSURAIT L'INTÉRIM. LES CANDIDATS À LA PRÉSIDENCE SE COMPTAIENT PAR DIZAINES. OUTRE LES PARTIS TRADITIONNELS, DE PETITS GROUPES REPRÉSENTANT DE DISCRÈTES MINORITÉS CHERCHAIENT À S'EXPRIMER...
RESPIRONS L'ESPOIR!
HALTE AUX
JE JOUE MONSIEUR KOUINE GAGNANT À 10 CONTRE 1! CE GARS-LÀ VA NOUS NETTOYER LES ÉCURIES EN VITESSE!
M'MMM... LE SAUVEUR M'A TOUT L'AIR D'ÊTRE LE PANTIN DE DÉMO-K! DERRIÈRE, IL Y A LE GROS NEZ DU GROUPE MÉDIA OXA! AVEC TOUT LE FRIC DES CHAÎNES DE TÉLÉ PRIVÉES, DES AGRO-FIRMES ET DES EURO-PÉTROLIÈRES!
WC
STADE CHARLETY
NOUS ÉTIONS ALORS À SEPT JOURS DU MEETING QUI ALLAIT CONSACRER LA SUPRÉMATIE DE DÉMO-K DANS CETTE CAMPAGNE. ET TOUT DEVAIT SE JOUER PENDANT CES SEPT JOURS. LA RÉALITÉ N'EXISTAIT DÉJÀ PLUS.
AVEC MONSIEUR KOUINE

CE PREMIER JOUR, AU SÉNAT...
MES AMIS, JE VOUS AI RÉUNIS EN "DISCRÉTOIRE" POUR VOUS FAIRE PART DE MON INQUIÉTUDE... VOUS ÊTES LES SEULS EN QUI JE PEUX AVOIR ENCORE CONFIANCE!
MONSIEUR LE PRÉSIDENT, VOUS VOULEZ NOUS PARLER DE KOUINE ET DE DÉMO-K, N'EST-CE-PAS?
CE ROULEAU COMPRESSEUR QUI SE FAIT PASSER POUR UN PARTI POLITIQUE, OUI! SA CAMPAGNE PREND UNE ALLURE DE FOIRE ET MET EN PÉRIL CE QUI RESTE DE NOTRE DÉMOCRATIE!
MAINMISE SUR LA PRESSE! MANIPULATION DES SONDAGES!
TROP D'ARGENT DERRIÈRE TOUT CE CIRQUE MÉDIATIQUE!
KOUINE EST PORTÉ PAR LA PLUS GROSSE SOCIÉTÉ DE COMMUNICATION, PROPRIÉTAIRE DU TENTACULAIRE GROUPE DE PRESSE OXA...
...MAÎTRE DE LA RADIO, DE LA TÉLÉVISION, PATRON DE TOUT LE SECTEUR DE LA GRANDE DISTRIBUTION ALIMENTAIRE...
...PARRAIN DES AGRO-FIRMES QUI RÉGENTENT LA PRODUCTION DES CÉRÉALES ET EN CONTRÔLENT L'EXPORT SUR TOUTE L'EUROPE! DÉMO-K, C'EST L'ENFANT DU CARTEL DES BANQUOFIRMES!
EN EFFET! LE DANGER EST LÀ! IL NOUS FAUT ENQUÊTER EN SECRET ET RAPIDEMENT SUR LES IMBRICATIONS FINANCIÈRES DE DÉMO-K! SAVOIR QUI TIRE RÉELLEMENT LES FICELLES DE CE PANTIN DE MONSIEUR KOUINE!
J'AI PENSÉ À... VOUS SAVEZ, CET INSPECTEUR QUI A ÉTÉ À L'ORIGINE DE LA DÉCOUVERTE DU SCANDALE DU TRAFIC D'ORGANES*. JE N'AI PLUS SON NOM EN TÊTE!
Lire le Mal d'Orphée
MAIS IL A ÉTÉ IMPLIQUÉ DANS L'AFFAIRE!

ON L'A ACCUSÉ DU MEURTRE DE SON COLLÈGUE ! ENCORE QUE TOUT LAISSE À PENSER QU'IL FUT VICTIME D'UN COMPLOT DEVANT PERMETTRE AUX ACTIONNAIRES D'ORPHÉE DE TIRER LEUR ÉPINGLE DE CE JEU FAUSSÉ !
MAIS NUL N'A PLUS ENTENDU PARLER DE LUI ! QU'EST IL DEVENU ? UN NON-CARTES PARMI DES MILLIONS D'AUTRES... UN FANTÔME POUR AINSI DIRE !
MANIPULATION...
JE SOUHAITE QUE L'ON METTE TOUT EN ŒUVRE POUR TENTER DE RETROUVER CE GARÇON... NOUS LUI CONFIERONS UNE ENQUÊTE... heu... UNE ENQUÊTE OCCULTE !
JE VOUS COMPRENDS, PRÉSIDENT... SEUL UN "HOMME QUI N'EXISTE PAS" PEUT DEVENIR NOTRE AGENT... PARTICULIER ! JE PEUX M'EN OCCUPER !
SON SUPÉRIEUR... LE COMMISSAIRE MALVAK... OUI, OUI, JE M'EN CHARGE !
ORPHEE
Enquête MALVAK
Inspecteur POLSKY
CETTE SÉANCE N'A JAMAIS EU LIEU, MES AMIS ! JURONS D'EN GARDER LE SECRET !
NOUS LE JURONS !
TU ES CERTAIN DE DÉNICHER CET INSPECTEUR, SIGMUND ? NOUS N'AVONS PAS BEAUCOUP DE TEMPS DEVANT NOUS...
JE SUIS UNE VIEILLE MACHINE, NOLAN ! MAIS TANT QUE MES PISTONS FONCTIONNERONT, JE T'AIDERAI, MON AMI ! AFFAIRE DE PRINCIPE...
ANTIQUES VALEURS DE MOMIE DÉMOCRATE !
MÊME JOUR, 11 HEURES...
I 3

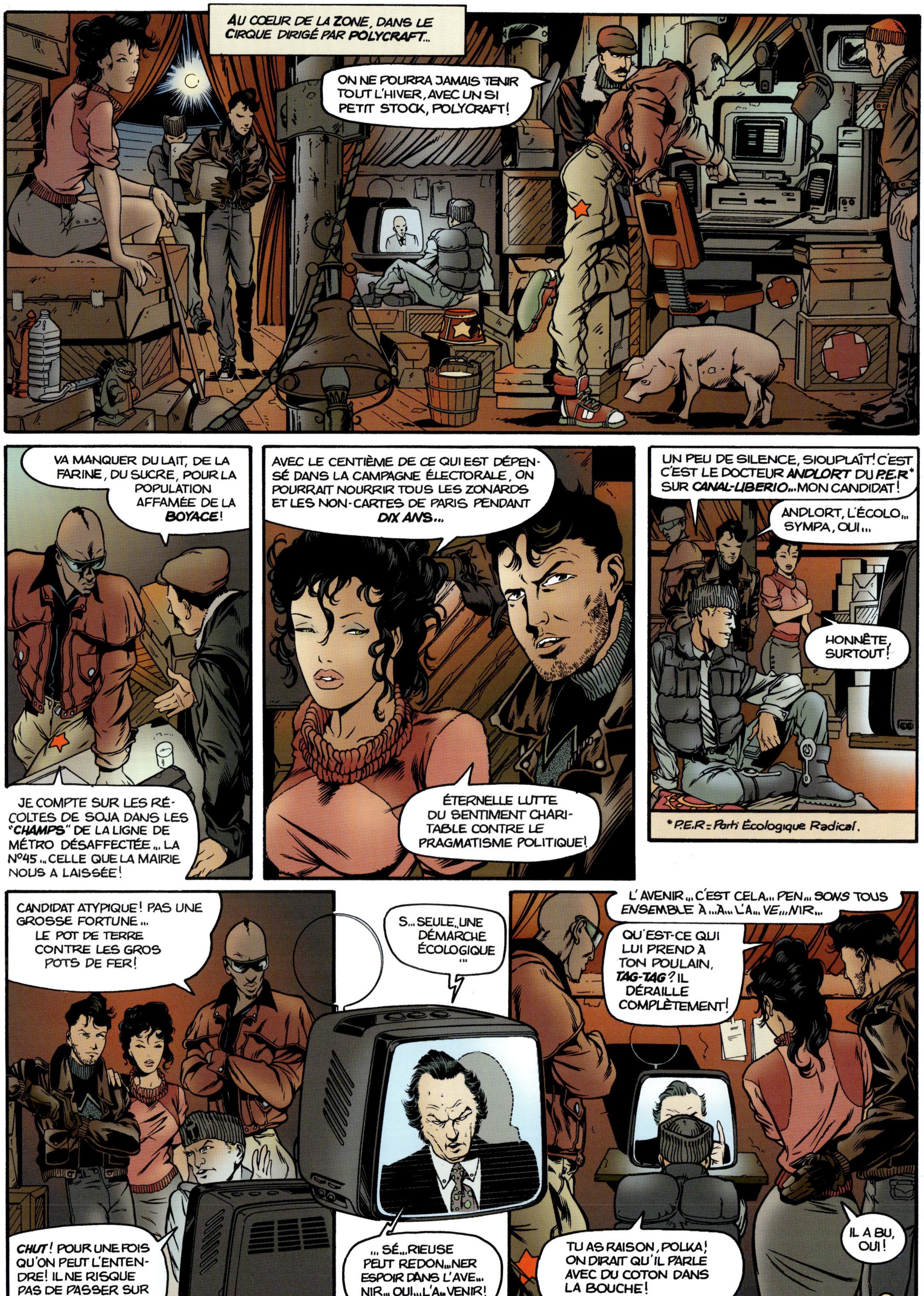
AU COEUR DE LA ZONE, DANS LE CIRQUE DIRIGÉ PAR POLYCRAFT...
ON NE POURRA JAMAIS TENIR TOUT L'HIVER, AVEC UN SI PETIT STOCK, POLYCRAFT!
VA MANQUER DU LAIT, DE LA FARINE, DU SUCRE, POUR LA POPULATION AFFAMÉE DE LA BOYACE!
JE COMPTE SUR LES RÉCOLTES DE SOJA DANS LES "CHAMPS" DE LA LIGNE DE MÉTRO DÉSAFFECTÉE... LA N°45... CELLE QUE LA MAIRIE NOUS A LAISSÉE!
AVEC LE CENTIÈME DE CE QUI EST DÉPENSÉ DANS LA CAMPAGNE ÉLECTORALE, ON POURRAIT NOURRIR TOUS LES ZONARDS ET LES NON-CARTES DE PARIS PENDANT DIX ANS...
ÉTERNELLE LUTTE DU SENTIMENT CHARITABLE CONTRE LE PRAGMATISME POLITIQUE!
UN PEU DE SILENCE, SIOUPLAÎT! C'EST C'EST LE DOCTEUR ANDLORT DU P.E.R* SUR CANAL-LIBERIO... MON CANDIDAT!
ANDLORT, L'ÉCOLO... SYMPA, OUI...
HONNÊTE, SURTOUT!
*P.E.R = Parti Écologique Radical.
CANDIDAT ATYPIQUE! PAS UNE GROSSE FORTUNE... LE POT DE TERRE CONTRE LES GROS POTS DE FER!
S... SEULE... UNE DÉMARCHE ÉCOLOGIQUE ...
CHUT! POUR UNE FOIS QU'ON PEUT L'ENTENDRE! IL NE RISQUE PAS DE PASSER SUR LES CHAÎNES D'OXA!
... SÉ... RIEUSE PEUT REDON... NER ESPOIR DANS L'AVE... NIR... OUI... L'A... VENIR!
L'AVENIR... C'EST CELA... PEN... SONS TOUS ENSEMBLE À... A... L'A... VE... NIR...
QU'EST-CE QUI LUI PREND À TON POULAIN, TAG-TAG? IL DÉRAILLE COMPLÈTEMENT!
TU AS RAISON, POLKA! ON DIRAIT QU'IL PARLE AVEC DU COTON DANS LA BOUCHE!
IL A BU, OUI!
II 4

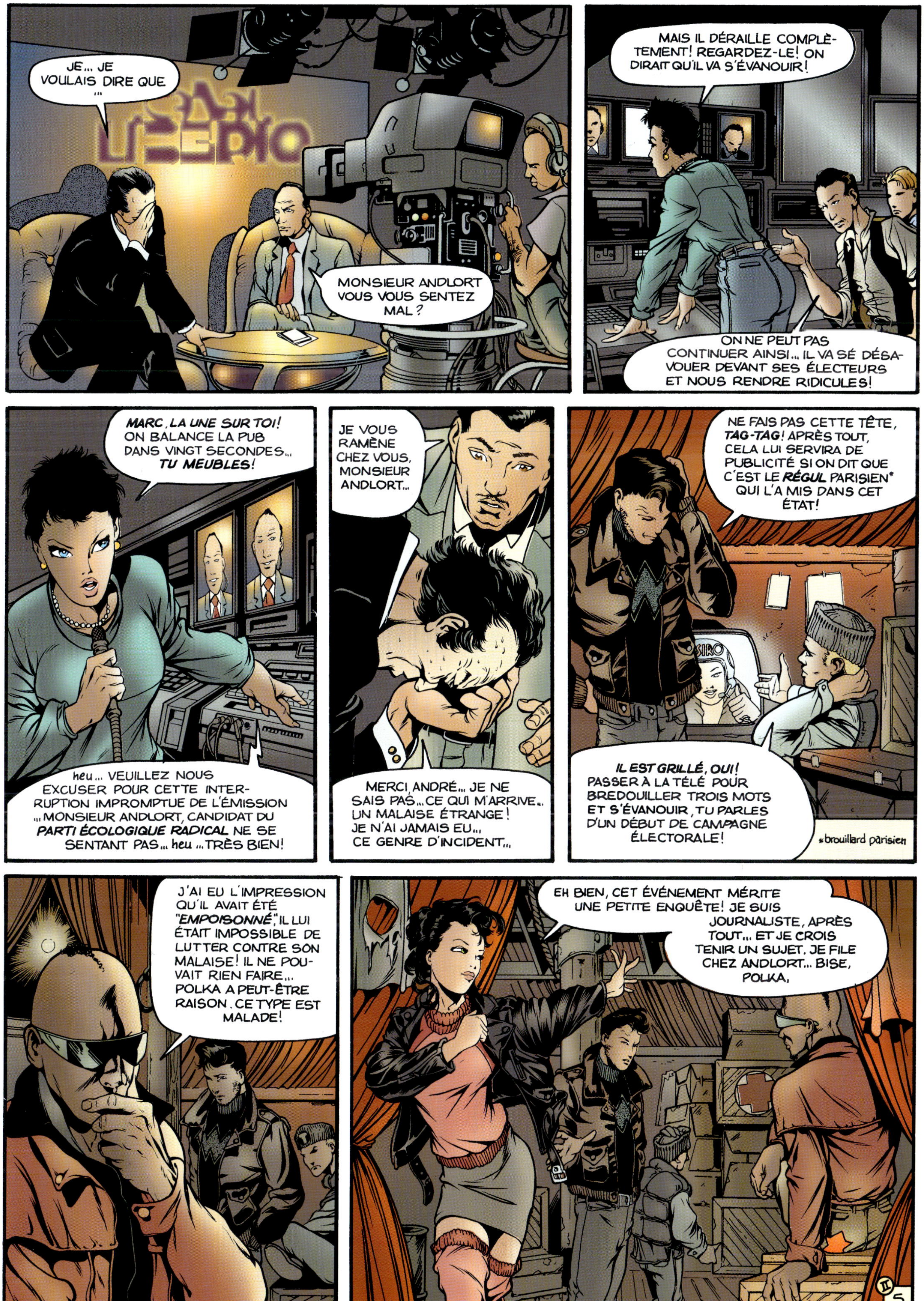
JE... JE VOULAIS DIRE QUE ...
MONSIEUR ANDLORT VOUS VOUS SENTEZ MAL ?
MAIS IL DÉRAILLE COMPLÈTEMENT! REGARDEZ-LE! ON DIRAIT QU'IL VA S'ÉVANOUIR!
ON NE PEUT PAS CONTINUER AINSI... IL VA SE DÉSAVOUER DEVANT SES ÉLECTEURS ET NOUS RENDRE RIDICULES!
MARC, LA UNE SUR TOI! ON BALANCE LA PUB DANS VINGT SECONDES... TU MEUBLES!
heu... VEUILLEZ NOUS EXCUSER POUR CETTE INTERRUPTION IMPROMPTUE DE L'ÉMISSION ... MONSIEUR ANDLORT, CANDIDAT DU PARTI ÉCOLOGIQUE RADICAL NE SE SENTANT PAS... heu ... TRÈS BIEN!
JE VOUS RAMÈNE CHEZ VOUS, MONSIEUR ANDLORT...
MERCI, ANDRÉ... JE NE SAIS PAS... CE QUI M'ARRIVE... UN MALAISE ÉTRANGE! JE N'AI JAMAIS EU... CE GENRE D'INCIDENT...
NE FAIS PAS CETTE TÊTE, TAG-TAG! APRÈS TOUT, CELA LUI SERVIRA DE PUBLICITÉ SI ON DIT QUE C'EST LE RÉGUL PARISIEN* QUI L'A MIS DANS CET ÉTAT!
SIRO
IL EST GRILLÉ, OUI! PASSER À LA TÉLÉ POUR BREDOUILLER TROIS MOTS ET S'ÉVANOUIR, TU PARLES D'UN DÉBUT DE CAMPAGNE ÉLECTORALE!
*brouillard parisien
J'AI EU L'IMPRESSION QU'IL AVAIT ÉTÉ "EMPOISONNÉ", IL LUI ÉTAIT IMPOSSIBLE DE LUTTER CONTRE SON MALAISE! IL NE POUVAIT RIEN FAIRE... POLKA A PEUT-ÊTRE RAISON. CE TYPE EST MALADE!
EH BIEN, CET ÉVÉNEMENT MÉRITE UNE PETITE ENQUÊTE! JE SUIS JOURNALISTE, APRÈS TOUT... ET JE CROIS TENIR UN SUJET. JE FILE CHEZ ANDLORT... BISE, POLKA.
II 5

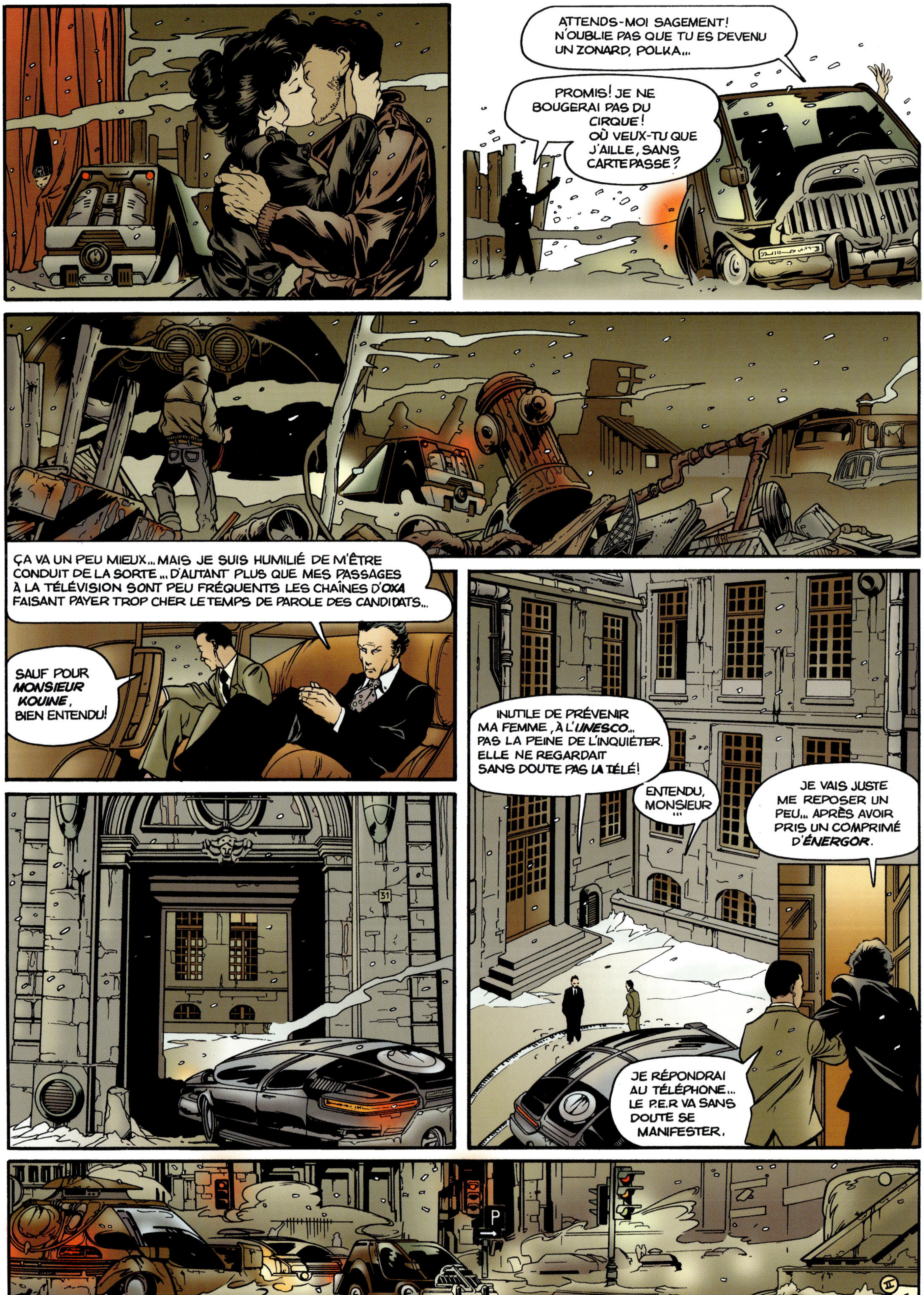
ATTENDS-MOI SAGEMENT! N'OUBLIE PAS QUE TU ES DEVENU UN ZONARD, POLKA...
PROMIS! JE NE BOUGERAI PAS DU CIRQUE! OÙ VEUX-TU QUE J'AILLE, SANS CARTEPASSE?
ÇA VA UN PEU MIEUX... MAIS JE SUIS HUMILIÉ DE M'ÊTRE CONDUIT DE LA SORTE... D'AUTANT PLUS QUE MES PASSAGES À LA TÉLÉVISION SONT PEU FRÉQUENTS LES CHAÎNES D'OXA FAISANT PAYER TROP CHER LE TEMPS DE PAROLE DES CANDIDATS...
SAUF POUR MONSIEUR KOUINE, BIEN ENTENDU!
INUTILE DE PRÉVENIR MA FEMME, À L'UNESCO... PAS LA PEINE DE L'INQUIÉTER. ELLE NE REGARDAIT SANS DOUTE PAS LA TÉLÉ!
ENTENDU, MONSIEUR...
JE VAIS JUSTE ME REPOSER UN PEU... APRÈS AVOIR PRIS UN COMPRIMÉ D'ÉNERGOR.
JE RÉPONDRAI AU TÉLÉPHONE... LE P.E.R VA SANS DOUTE SE MANIFESTER.
P
31
II 6

RUE RENAUD-CHANTEUR... C'EST LÀ. JE VAIS DEVOIR JOUER DE MON CHARME POUR FAIRE LE FORCING ET OBTENIR UN ENTRETIEN AVEC CE PAUVRE ANDLORT!
IL EST INTERDIT DE STATIONNER ICI, MADEMOISELLE! ET LE DOCTEUR ANDLORT NE PRATIQUE PLUS... IL EST CANDIDAT À LA PRÉSIDENCE!
JE SAIS... C'EST JUSTEMENT POUR CETTE RAISON QUE JE SOUHAITE LE VOIR.
JE SUIS JOURNALISTE ET JE REGARDAIS L'ÉMISSION SUR CANAL LIBÉRIO QUAND MONSIEUR ANDLORT A EU SON MALAISE.
TOUT VA MIEUX! LE DOCTEUR SE REPOSE! AUCUN PROBLÈME...
ANDRÉ!!! REGARDEZ...
UN TEMPS IDÉAL, ANDRÉ... POUR FAIRE UN PLONGEON DANS LA PISCINE. VOUS DEVRIEZ M'ACCOMPAGNER!
M... MAIS, MONSIEUR... IL N'Y A PAS DE PISCINE!!!
LE FOU!
LUNDI: PREMIÈRE VICTIME DE DÉMO-K...
II 7

MÊME JOUR, MIDI...
JE PRENDS EN CE MOMENT LE FLASH-INFO, MONSIEUR SANDWOLF... NOUS POUVONS DÉSORMAIS ESPÉRER RÉCUPÉRER LES QUATRE POINTS D'INTENTION DE VOTE JUSQU'ICI ATTRIBUÉS AU P.E.R!
TOUT S'EST PASSÉ COMME PRÉVU DANS CE CAS!
COMMENT A RÉAGI CE BON DOCTEUR ANDLORT, NOÉLIC?
IL A DÉSIRÉ PIQUER UNE TÊTE DANS LA PISCINE! JE VEUX DIRE QU'IL A PLONGÉ DU TROISIÈME ÉTAGE DANS SA COUR!
COMPTANT SUR UNE FUITE DE 18% DES VOIX DU P.E.R VERS LE G.A.L, NOUS POUVONS ESTIMER ACTUELLEMENT LA SITUATION DE MONSIEUR KOUINE À 56% D'INTENTIONS DE VOTE.
CE N'EST PAS SUFFISANT... PAS ENCORE!
IL NOUS RESTE SIX JOURS AVANT LE GRAND MEETING, MONSIEUR...
ET IL Y A LA CONFÉRENCE DE PRESSE MERCREDI! MONSIEUR KOUINE FERA UN TABAC!
JE N'OUBLIE PAS QUE MONSIEUR KOUINE A ÉTÉ L'UN DES PLUS CÉLÈBRES PRÉSENTATEURS DE JEUX SUR KANAL-1!
SON... heu... SON TALENT N'EST PLUS À METTRE EN CAUSE!
SERA-T-IL TOUJOURS AUSSI PERFORMANT DEVANT TOUS CES JOURNALEUX, NOÉLIC? VOUS RÉPONDEZ DE LUI?
JE VOUS ASSURE QU'IL SE CONDUIRA PARFAITEMENT, MONSIEUR SANDWOLF, PAR-FAI-TE-MENT!

ESSAYE D'OUBLIER, VÉNEZZIA... CHASSE CETTE IMAGE DE TON ESPRIT!
SI TU CROIS QUE C'EST FACILE! ANDLORT ÉTAIT **PERSUADÉ** QU'IL Y AVAIT UNE PISCINE À LA PLACE DE LA COUR!
PISCINE OU PAS, CELA NE CHANGE RIEN! ON NE SE BAIGNE PAS QUAND IL FAIT À PEINE UN DEGRÉ AU DESSUS DE ZÉRO!
SUBTILE, LA REMARQUE!
CE COUP DE FOLIE, C'EST ÉTRANGE! SURTOUT D'UN HOMME COMME ANDLORT, RÉPUTÉ POUR SA SÉRÉNITÉ! ON NE SE MET PAS "**OUT-LINE**" COMME ÇA, D'UNE SECONDE À L'AUTRE!
LES POLITICIENS AUSSI, ONT LE DROIT DE DISJONCTER DE TEMPS EN TEMPS, POLYCRAFT! ***F'FFFFFFT***, LES PLOMBS SAUTENT! LE GARS DÉJANTE... QUITTE LA ROUTE... ET HOP, PLONGEON DANS LE FOSSÉ!
DES CHAUSSURES QUASIMENT NEUVES! ET EN CUIR VÉRITABLE! DEUX SEMAINES DE SALAIRE QUI PATAUGENT DANS CETTE GADOUE!
ET MON BAS DE PANTALON! UN MALHEUR N'ARRIVE JAMAIS SEUL... 50% DE COTON ET 50% DE LAINE BOUFFÉS PAR LA NEIGE! C'EST MA NOTE DE FRAIS QUE JE VAIS SALER, MOI!
SÛR, ÇA SENT LE POLKA À PLEIN NEZ! NORMAL... UN CIRQUE POUR UN CLOWN PAUMÉ, HORS NORMES, HORS CARTES, HORS TOUT! C'EST À MON TOUR D'ENTRER EN PISTE! ***LUMIÈRE!***
II 9

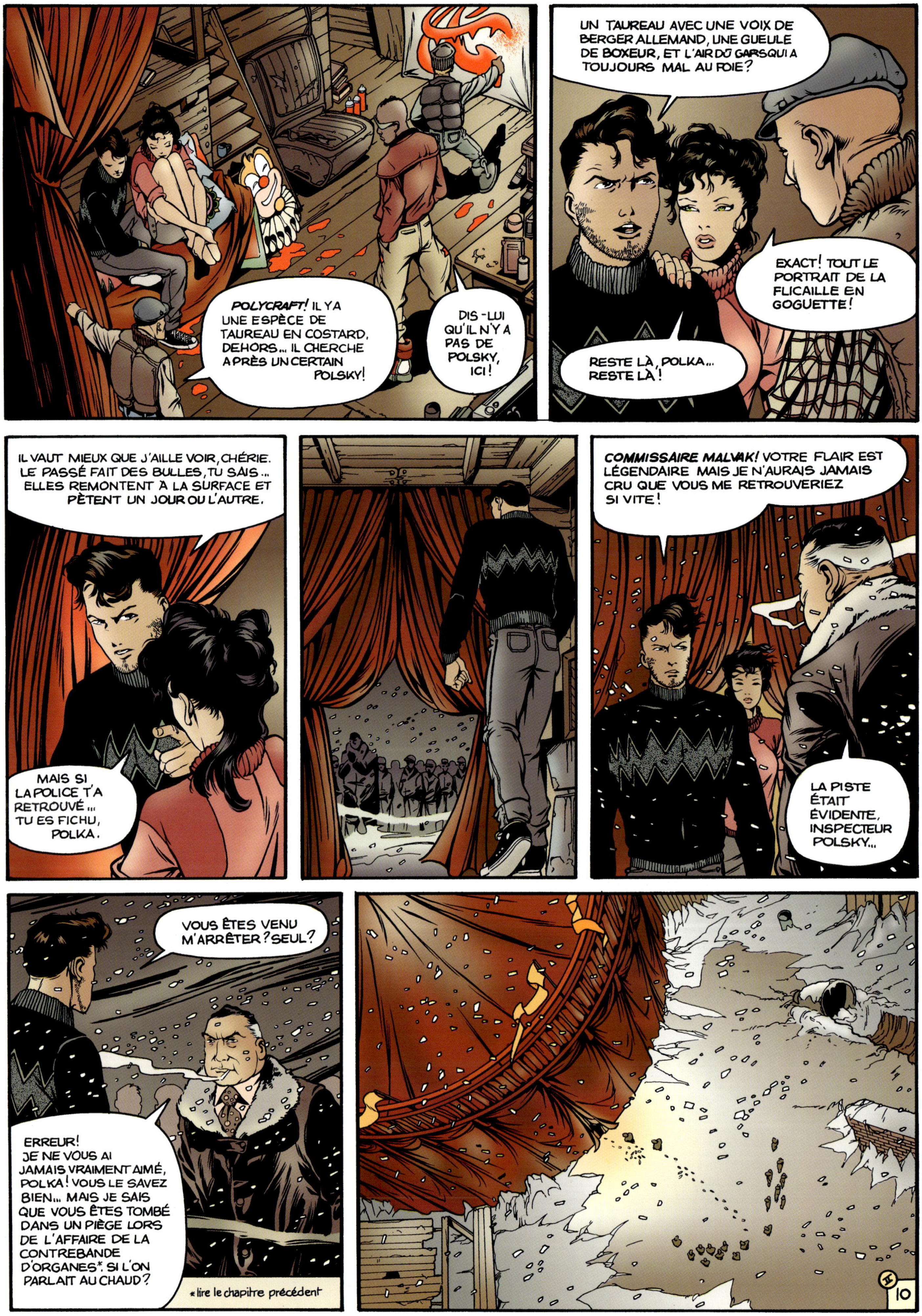
POLYCRAFT! IL Y A UNE ESPÈCE DE TAUREAU EN COSTARD, DEHORS... IL CHERCHE APRÈS UN CERTAIN POLSKY!
DIS-LUI QU'IL N'Y A PAS DE POLSKY, ICI!
UN TAUREAU AVEC UNE VOIX DE BERGER ALLEMAND, UNE GUEULE DE BOXEUR, ET L'AIR DU GARS QUI A TOUJOURS MAL AU FOIE?
EXACT! TOUT LE PORTRAIT DE LA FLICAILLE EN GOGUETTE!
RESTE LÀ, POLKA... RESTE LÀ!
IL VAUT MIEUX QUE J'AILLE VOIR, CHÉRIE. LE PASSÉ FAIT DES BULLES, TU SAIS... ELLES REMONTENT À LA SURFACE ET PÈTENT UN JOUR OU L'AUTRE.
MAIS SI LA POLICE T'A RETROUVÉ... TU ES FICHU, POLKA.
COMMISSAIRE MALVAK! VOTRE FLAIR EST LÉGENDAIRE MAIS JE N'AURAIS JAMAIS CRU QUE VOUS ME RETROUVERIEZ SI VITE!
LA PISTE ÉTAIT ÉVIDENTE, INSPECTEUR POLSKY...
VOUS ÊTES VENU M'ARRÊTER? SEUL?
ERREUR! JE NE VOUS AI JAMAIS VRAIMENT AIMÉ, POLKA! VOUS LE SAVEZ BIEN... MAIS JE SAIS QUE VOUS ÊTES TOMBÉ DANS UN PIÈGE LORS DE L'AFFAIRE DE LA CONTREBANDE D'ORGANES*. SI L'ON PARLAIT AU CHAUD?
*lire le chapitre précédent
II 10

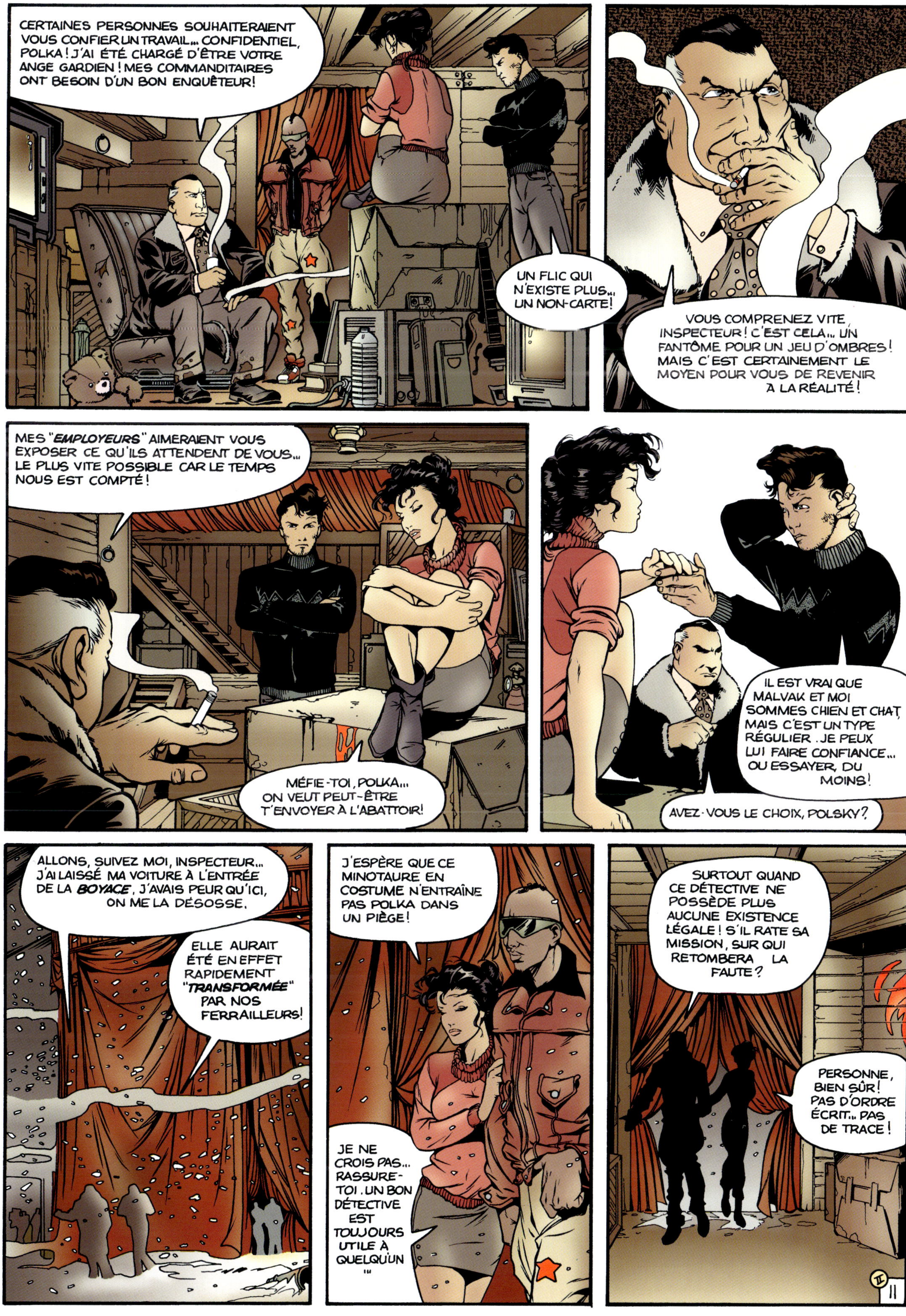
CERTAINES PERSONNES SOUHAITERAIENT VOUS CONFIER UN TRAVAIL... CONFIDENTIEL, POLKA ! J'AI ÉTÉ CHARGÉ D'ÊTRE VOTRE ANGE GARDIEN ! MES COMMANDITAIRES ONT BESOIN D'UN BON ENQUÊTEUR !
UN FLIC QUI N'EXISTE PLUS... UN NON-CARTE !
VOUS COMPRENEZ VITE INSPECTEUR ! C'EST CELA... UN FANTÔME POUR UN JEU D'OMBRES ! MAIS C'EST CERTAINEMENT LE MOYEN POUR VOUS DE REVENIR À LA RÉALITÉ !
MES "EMPLOYEURS" AIMERAIENT VOUS EXPOSER CE QU'ILS ATTENDENT DE VOUS... LE PLUS VITE POSSIBLE CAR LE TEMPS NOUS EST COMPTÉ !
MÉFIE-TOI, POLKA... ON VEUT PEUT-ÊTRE T'ENVOYER À L'ABATTOIR !
IL EST VRAI QUE MALVAK ET MOI SOMMES CHIEN ET CHAT, MAIS C'EST UN TYPE RÉGULIER. JE PEUX LUI FAIRE CONFIANCE... OU ESSAYER, DU MOINS !
AVEZ-VOUS LE CHOIX, POLSKY ?
ALLONS, SUIVEZ MOI, INSPECTEUR... J'AI LAISSÉ MA VOITURE À L'ENTRÉE DE LA BOYACE, J'AVAIS PEUR QU'ICI, ON ME LA DÉSOSSE.
ELLE AURAIT ÉTÉ EN EFFET RAPIDEMENT "TRANSFORMÉE" PAR NOS FERRAILLEURS !
J'ESPÈRE QUE CE MINOTAURE EN COSTUME N'ENTRAÎNE PAS POLKA DANS UN PIÈGE !
JE NE CROIS PAS... RASSURE-TOI. UN BON DÉTECTIVE EST TOUJOURS UTILE À QUELQU'UN !
SURTOUT QUAND CE DÉTECTIVE NE POSSÈDE PLUS AUCUNE EXISTENCE LÉGALE ! S'IL RATE SA MISSION, SUR QUI RETOMBERA LA FAUTE ?
PERSONNE, BIEN SÛR ! PAS D'ORDRE ÉCRIT... PAS DE TRACE !
II
11

TU AVAIS RAISON, SIGMUND... MALVAK A SORTI LE LOIR DU TERRIER!
TU EN DOUTAIS? MON AVIS EST QUE MALVAK A TOUJOURS SU OÙ SE CACHAIT NOTRE HOMME!
JE NE ME FERAI JAMAIS À LA PSYCHOLOGIE POLICIÈRE!
REGARDE-MOI ÇA L'ÉTAT DANS LEQUEL JE ME TROUVE POUR ME PRÉSENTER!
MAUVAIS GENRE DANS CES BOISERIES! LA BOUE DE LA ZONE DANS LES ORS DE L'ÉTAT!
ENTREZ... AH, MONSIEUR POLSKY; COMME JE SUIS HEUREUX QUE VOUS AYEZ ACCEPTÉ MON INVITATION!
VOUS ME RECONNAISSEZ, MONSIEUR POLSKY... JE SUIS NOLAN GERBERT, PRÉSIDENT DU SÉNAT, ET VOICI SIGMUND MATHLÉEM, MON CONSEILLER. J'AI EN CHARGE LES AFFAIRES DE L'ÉTAT JUSQU'À L'ÉLECTION DU PROCHAIN PRÉSIDENT DE LA RÉPUBLIQUE.
NOUS SOMMES ENCORE UNE POIGNÉE D'HOMMES À CROIRE EN QUELQUES VALEURS DÉSUÈTES... CELLES QUI FORMENT LA DÉMOCRATIE! ET NOUS NOUS INTERROGEONS SUR LES INTENTIONS DE DÉMO-K ET DE SON CANDIDAT, MONSIEUR KOUINE!
NOUS SOMMES PERSUADÉS QUE MONSIEUR KOUINE EST MANIPULÉ PAR DES EURO-GROUPES INDUSTRIELS QUI BÉNÉFICIERAIENT DE SON INSTALLATION À L'ÉLYSÉE. LA FRANCE TOMBERAIT ALORS DANS L'ESCARCELLE D'UNE BANDE DE BANQUIERS!

VOICI CE QUE NOUS ATTENDONS DE VOUS, MONSIEUR POLSKY... VOUS ALLEZ ENQUÊTER SUR MONSIEUR KOUINE! NOUS AIMERIONS EN SAVOIR UN PEU PLUS SUR LUI!
UNE MISSION SECRÈTE, BIEN SÛR?
N'OUBLIEZ PAS QUE VOUS "N'EXISTEZ PLUS", LÉGALEMENT! MAIS LE COMMISSAIRE MALVAK FERA LE LIEN ENTRE VOUS ET NOUS, ET VOUS,. heu... COUVRIRA!
PAS LA PEINE DE SOULIGNER ; COMPRIS!
MALVAK ASSURERA LA LOGISTIQUE... VOS FRAIS SERONT PRIS EN CHARGE ET UNE CARTEPASSE SPÉCIALE VOUS SERA REMISE TOUT À L'HEURE... VOUS POURREZ AINSI VOUS VÉHICULER DANS PARIS SOUS UNE NOUVELLE IDENTITÉ!
QUE D'ÉGARDS POUR UN RENÉGAT DE MON ACABIT!
OUBLIEZ LE PASSÉ, POLKA! VOICI LE MOYEN DE VOUS RÉHABILITER... DÉCOUVREZ QUI EST DERRIÈRE MONSIEUR KOUINE... ET CROYEZ-NOUS; IL EXISTE ENCORE QUELQUES POLITICIENS QUI PENSENT QUE LA DÉMOCRATIE RESTE CE QU'IL YA DE MIEUX POUR UN PAYS!
NOUS COMPTONS SUR VOUS, INSPECTEUR!
JE FERAI DE MON MIEUX, MONSIEUR... J'AI LA RÉPUTATION D'ÊTRE UN CHIEN QUI NE LÂCHE JAMAIS L'OS QU'IL EST EN TRAIN DE RONGER!
UNE PETITE IDÉE DE DÉPART, POLKA?
UN EMBRYON, PLUTÔT... POLYCRAFT POURRAIT NOUS AIDER...
ARRIVER À MON NIVEAU POUR FAIRE UNE ENQUÊTE AVEC UN PORTEUR D'UNE FAUSSE CARTEPASSE ET UNE BANDE DE CLOWNS!
DE QUEL CÔTÉ SONT LES CLOWNS, MALVAK? DANS LA ZONE OU DANS L'ARÈNE POLITIQUE?
II 13

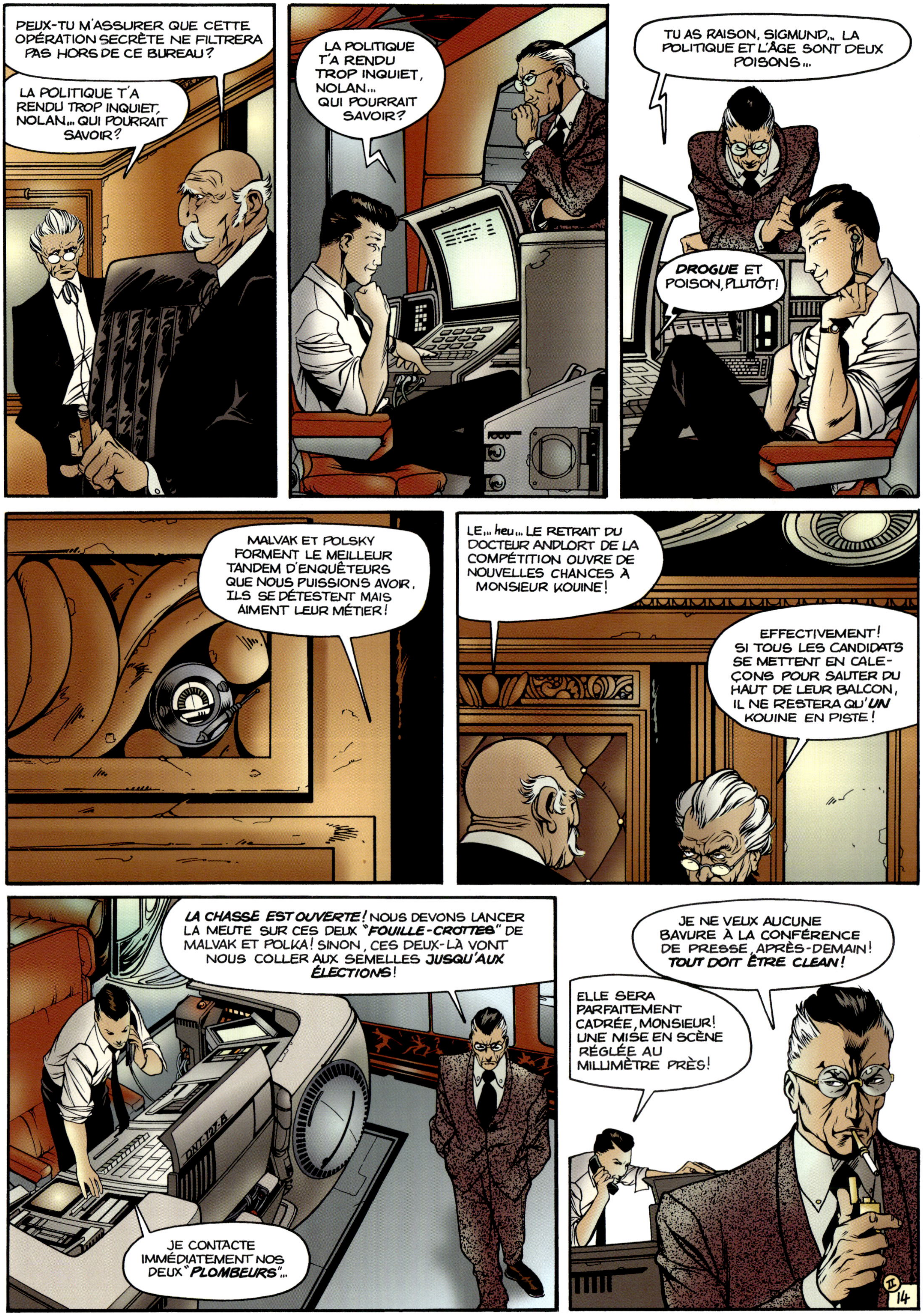
PEUX-TU M'ASSURER QUE CETTE OPÉRATION SECRÈTE NE FILTRERA PAS HORS DE CE BUREAU?
LA POLITIQUE T'A RENDU TROP INQUIET, NOLAN... QUI POURRAIT SAVOIR?
LA POLITIQUE T'A RENDU TROP INQUIET, NOLAN... QUI POURRAIT SAVOIR?
TU AS RAISON, SIGMUND... LA POLITIQUE ET L'ÂGE SONT DEUX POISONS...
DROGUE ET POISON, PLUTÔT!
MALVAK ET POLSKY FORMENT LE MEILLEUR TANDEM D'ENQUÊTEURS QUE NOUS PUISSIONS AVOIR. ILS SE DÉTESTENT MAIS AIMENT LEUR MÉTIER!
LE... heu... LE RETRAIT DU DOCTEUR ANDLORT DE LA COMPÉTITION OUVRE DE NOUVELLES CHANCES À MONSIEUR KOUINE!
EFFECTIVEMENT! SI TOUS LES CANDIDATS SE METTENT EN CALEÇONS POUR SAUTER DU HAUT DE LEUR BALCON, IL NE RESTERA QU'UN KOUINE EN PISTE!
LA CHASSE EST OUVERTE! NOUS DEVONS LANCER LA MEUTE SUR CES DEUX "FOUILLE-CROTTES" DE MALVAK ET POLKA! SINON, CES DEUX-LÀ VONT NOUS COLLER AUX SEMELLES JUSQU'AUX ÉLECTIONS!
JE CONTACTE IMMÉDIATEMENT NOS DEUX "PLOMBEURS"...
JE NE VEUX AUCUNE BAVURE À LA CONFÉRENCE DE PRESSE, APRÈS-DEMAIN! TOUT DOIT ÊTRE CLEAN!
ELLE SERA PARFAITEMENT CADRÉE, MONSIEUR! UNE MISE EN SCÈNE RÉGLÉE AU MILLIMÈTRE PRÈS!
II 14

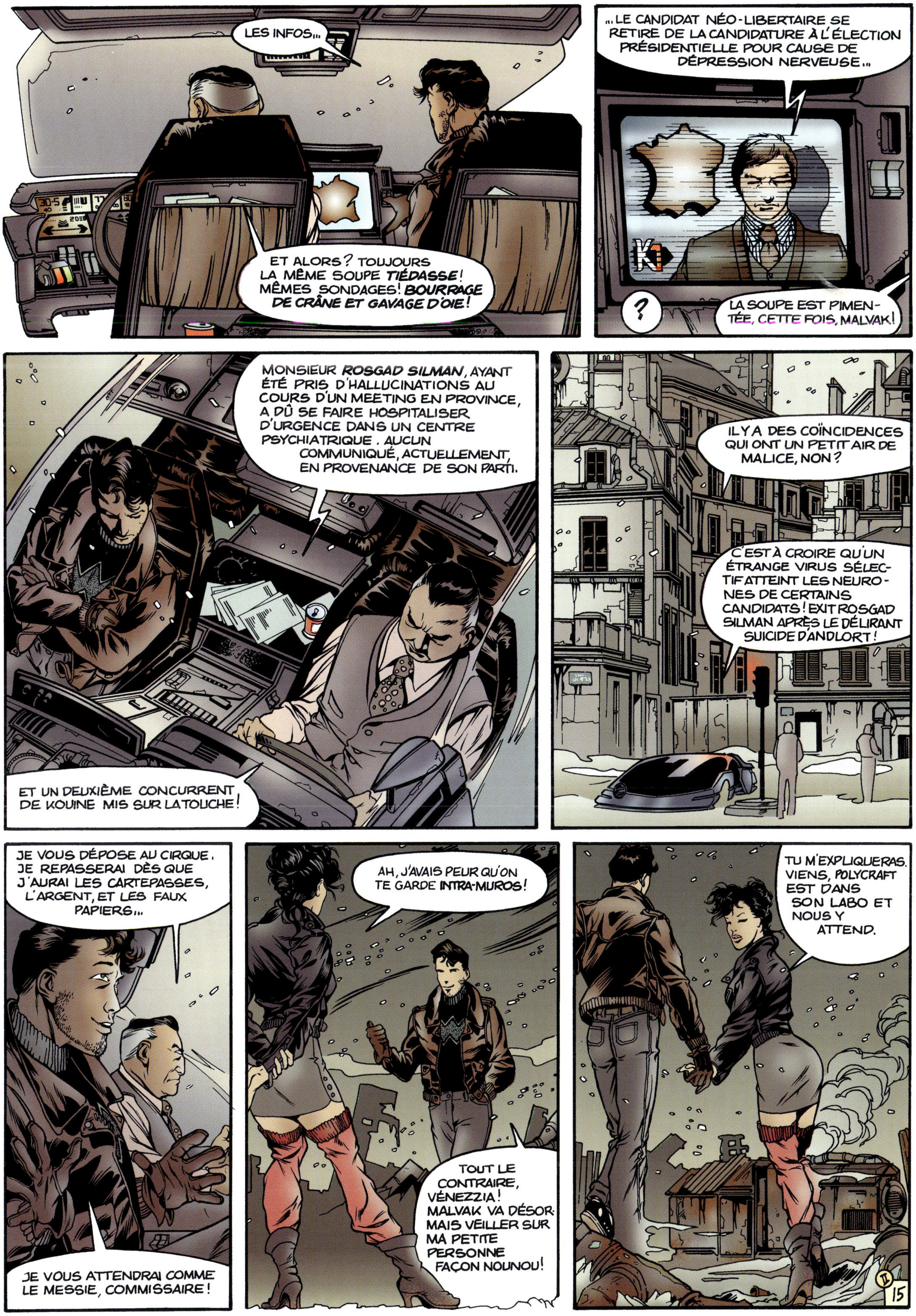
LES INFOS...
ET ALORS? TOUJOURS LA MÊME SOUPE TIÉDASSE! MÊMES SONDAGES! BOURRAGE DE CRÂNE ET GAVAGE D'OIE!
...LE CANDIDAT NÉO-LIBERTAIRE SE RETIRE DE LA CANDIDATURE À L'ÉLECTION PRÉSIDENTIELLE POUR CAUSE DE DÉPRESSION NERVEUSE...
?
LA SOUPE EST PIMENTÉE, CETTE FOIS, MALVAK!
MONSIEUR ROSGAD SILMAN, AYANT ÉTÉ PRIS D'HALLUCINATIONS AU COURS D'UN MEETING EN PROVINCE, A DÛ SE FAIRE HOSPITALISER D'URGENCE DANS UN CENTRE PSYCHIATRIQUE. AUCUN COMMUNIQUÉ, ACTUELLEMENT, EN PROVENANCE DE SON PARTI.
ET UN DEUXIÈME CONCURRENT DE KOUINE MIS SUR LA TOUCHE!
IL Y A DES COÏNCIDENCES QUI ONT UN PETIT AIR DE MALICE, NON?
C'EST À CROIRE QU'UN ÉTRANGE VIRUS SÉLECTIF ATTEINT LES NEURONES DE CERTAINS CANDIDATS! EXIT ROSGAD SILMAN APRÈS LE DÉLIRANT SUICIDE D'ANDLORT!
JE VOUS DÉPOSE AU CIRQUE. JE REPASSERAI DÈS QUE J'AURAI LES CARTEPASSES, L'ARGENT, ET LES FAUX PAPIERS...
JE VOUS ATTENDRAI COMME LE MESSIE, COMMISSAIRE!
AH, J'AVAIS PEUR QU'ON TE GARDE INTRA-MUROS!
TOUT LE CONTRAIRE, VÉNEZZIA! MALVAK VA DÉSORMAIS VEILLER SUR MA PETITE PERSONNE FAÇON NOUNOU!
TU M'EXPLIQUERAS. VIENS, POLYCRAFT EST DANS SON LABO ET NOUS Y ATTEND.
II 15

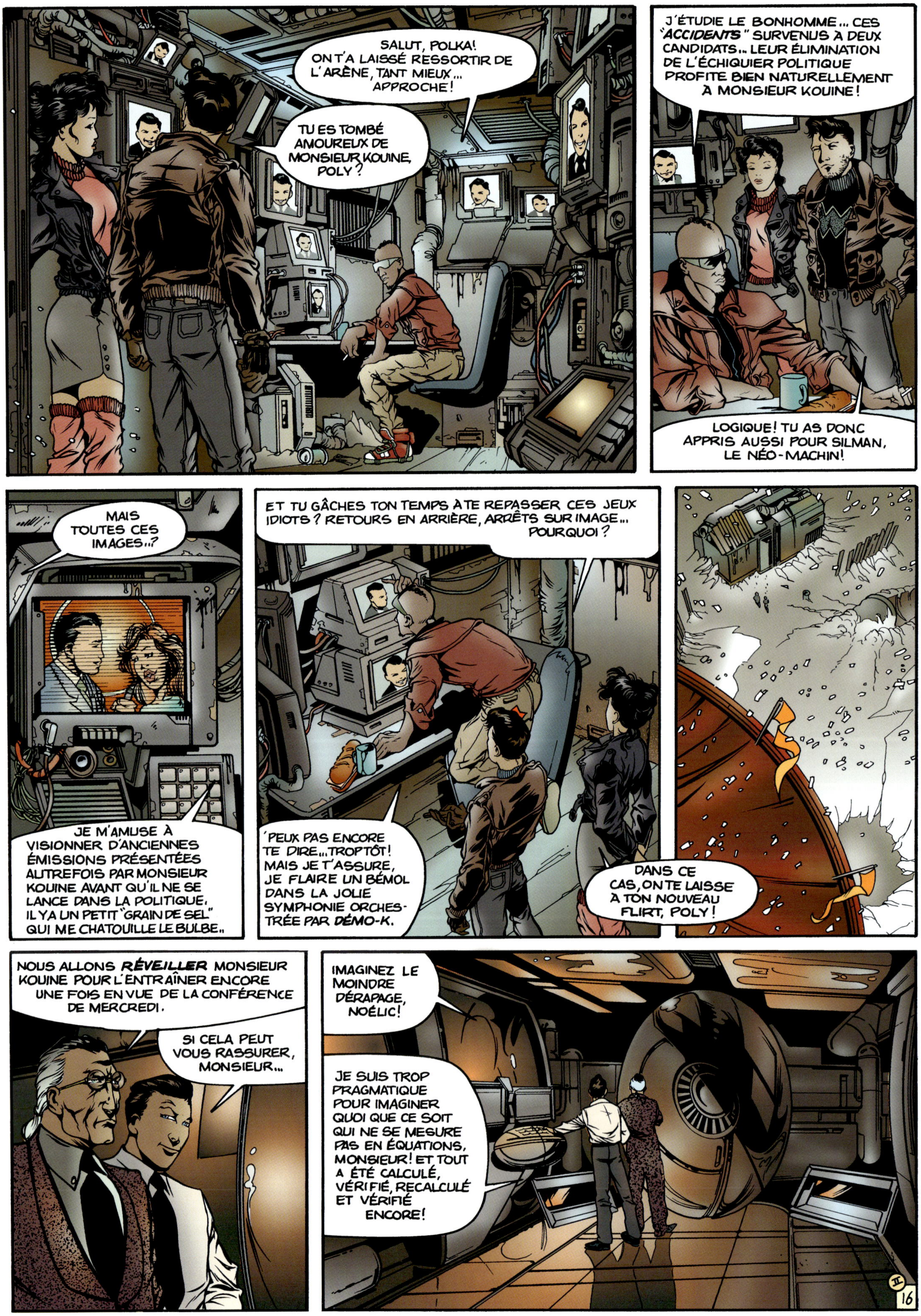
SALUT, POLKA! ON T'A LAISSÉ RESSORTIR DE L'ARÈNE, TANT MIEUX... APPROCHE!
TU ES TOMBÉ AMOUREUX DE MONSIEUR KOUINE, POLY ?
J'ÉTUDIE LE BONHOMME... CES "ACCIDENTS" SURVENUS À DEUX CANDIDATS.. LEUR ÉLIMINATION DE L'ÉCHIQUIER POLITIQUE PROFITE BIEN NATURELLEMENT À MONSIEUR KOUINE!
LOGIQUE! TU AS DONC APPRIS AUSSI POUR SILMAN, LE NÉO-MACHIN!
MAIS TOUTES CES IMAGES..?
JE M'AMUSE À VISIONNER D'ANCIENNES ÉMISSIONS PRÉSENTÉES AUTREFOIS PAR MONSIEUR KOUINE AVANT QU'IL NE SE LANCE DANS LA POLITIQUE. IL Y A UN PETIT "GRAIN DE SEL" QUI ME CHATOUILLE LE BULBE..
ET TU GÂCHES TON TEMPS À TE REPASSER CES JEUX IDIOTS? RETOURS EN ARRIÈRE, ARRÊTS SUR IMAGE... POURQUOI ?
'PEUX PAS ENCORE TE DIRE... TROP TÔT! MAIS JE T'ASSURE, JE FLAIRE UN BÉMOL DANS LA JOLIE SYMPHONIE ORCHESTRÉE PAR DÉMO-K.
DANS CE CAS, ON TE LAISSE À TON NOUVEAU FLIRT, POLY!
NOUS ALLONS RÉVEILLER MONSIEUR KOUINE POUR L'ENTRAÎNER ENCORE UNE FOIS EN VUE DE LA CONFÉRENCE DE MERCREDI.
SI CELA PEUT VOUS RASSURER, MONSIEUR...
IMAGINEZ LE MOINDRE DÉRAPAGE, NOÉLIC!
JE SUIS TROP PRAGMATIQUE POUR IMAGINER QUOI QUE CE SOIT QUI NE SE MESURE PAS EN ÉQUATIONS, MONSIEUR! ET TOUT A ÉTÉ CALCULÉ, VÉRIFIÉ, RECALCULÉ ET VÉRIFIÉ ENCORE!
II 16

MARDI, 8 HEURES 30
L'OBTENTION DE CES FAUX A PRIS UN PEU PLUS DE TEMPS QUE PRÉVU. MAIS C'EST DU BON TRAVAIL. J'AI MÊME RÉUSSI À AVOIR UN BADGE MAGNÉTIQUE DE DÉMO-K... TENEZ!
BIEN JOUÉ, MALVAK. LA SUITE DU PROGRAMME?
DIRECTION : L'HÔPITAL PSYCHIATRIQUE OÙ A ÉTÉ RAPATRIÉ ROSGAD SILMAN.
JE VOUS ACCOMPAGNE, LES DÉPRESSIONS, JE SUIS HABITUÉE. MON PÈRE EN A FAIT UNE DEMI-DOUZAINE!
CE N'EST PAS HÉRÉDITAIRE...
SUIVEZ-MOI... LE CAS DE MONSIEUR SILMAN EST TRÈS... PARTICULIER! J'AI RAREMENT RENCONTRÉ UN TEL GENRE DE NÉVROSE.
NOOOOON!!! SORTEZ MONSTRES LAISSEZ-MOI!!!
LA SECONDE VICTIME DE DÉMO-K. CE MARDI, 9 HEURES 20...

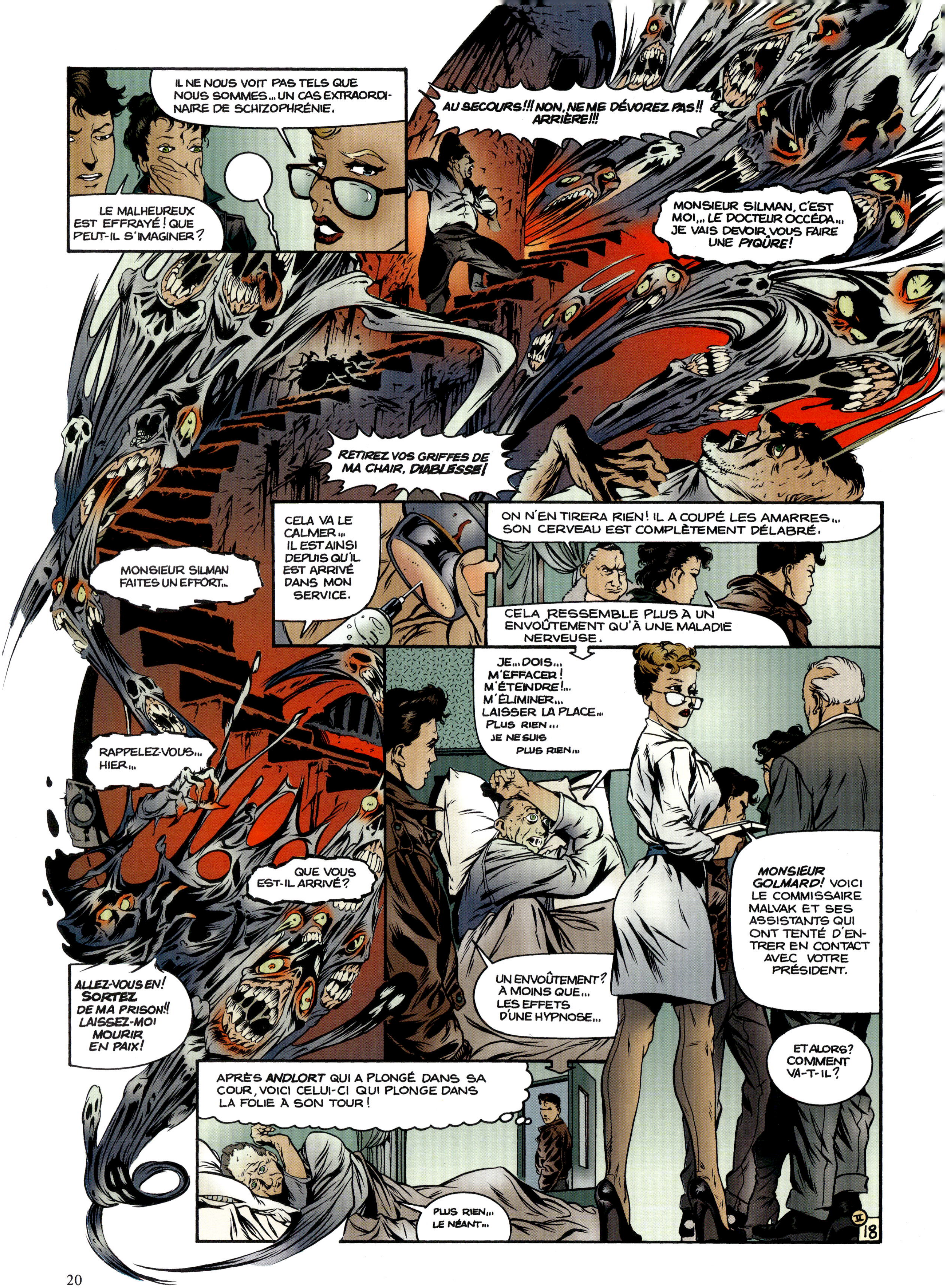
IL NE NOUS VOIT PAS TELS QUE NOUS SOMMES... UN CAS EXTRAORDINAIRE DE SCHIZOPHRÉNIE.
LE MALHEUREUX EST EFFRAYÉ ! QUE PEUT-IL S'IMAGINER ?
AU SECOURS!!! NON, NE ME DÉVOREZ PAS!! ARRIÈRE!!!
MONSIEUR SILMAN, C'EST MOI,.. LE DOCTEUR OCCÉDA... JE VAIS DEVOIR VOUS FAIRE UNE PIQÛRE!
RETIREZ VOS GRIFFES DE MA CHAIR, DIABLESSE!
MONSIEUR SILMAN FAITES UN EFFORT...
CELA VA LE CALMER... IL EST AINSI DEPUIS QU'IL EST ARRIVÉ DANS MON SERVICE.
ON N'EN TIRERA RIEN! IL A COUPÉ LES AMARRES... SON CERVEAU EST COMPLÈTEMENT DÉLABRÉ.
CELA RESSEMBLE PLUS À UN ENVOÛTEMENT QU'À UNE MALADIE NERVEUSE.
RAPPELEZ-VOUS... HIER...
QUE VOUS EST-IL ARRIVÉ?
ALLEZ-VOUS EN! SORTEZ DE MA PRISON!! LAISSEZ-MOI MOURIR EN PAIX!
JE... DOIS... M'EFFACER! M'ÉTEINDRE!... M'ÉLIMINER... LAISSER LA PLACE... PLUS RIEN... JE NE SUIS PLUS RIEN...
MONSIEUR GOLMARD! VOICI LE COMMISSAIRE MALVAK ET SES ASSISTANTS QUI ONT TENTÉ D'ENTRER EN CONTACT AVEC VOTRE PRÉSIDENT.
UN ENVOÛTEMENT? À MOINS QUE... LES EFFETS D'UNE HYPNOSE...
ET ALORS? COMMENT VA-T-IL?
APRÈS ANDLORT QUI A PLONGÉ DANS SA COUR, VOICI CELUI-CI QUI PLONGE DANS LA FOLIE À SON TOUR !
PLUS RIEN... LE NÉANT...
II 18

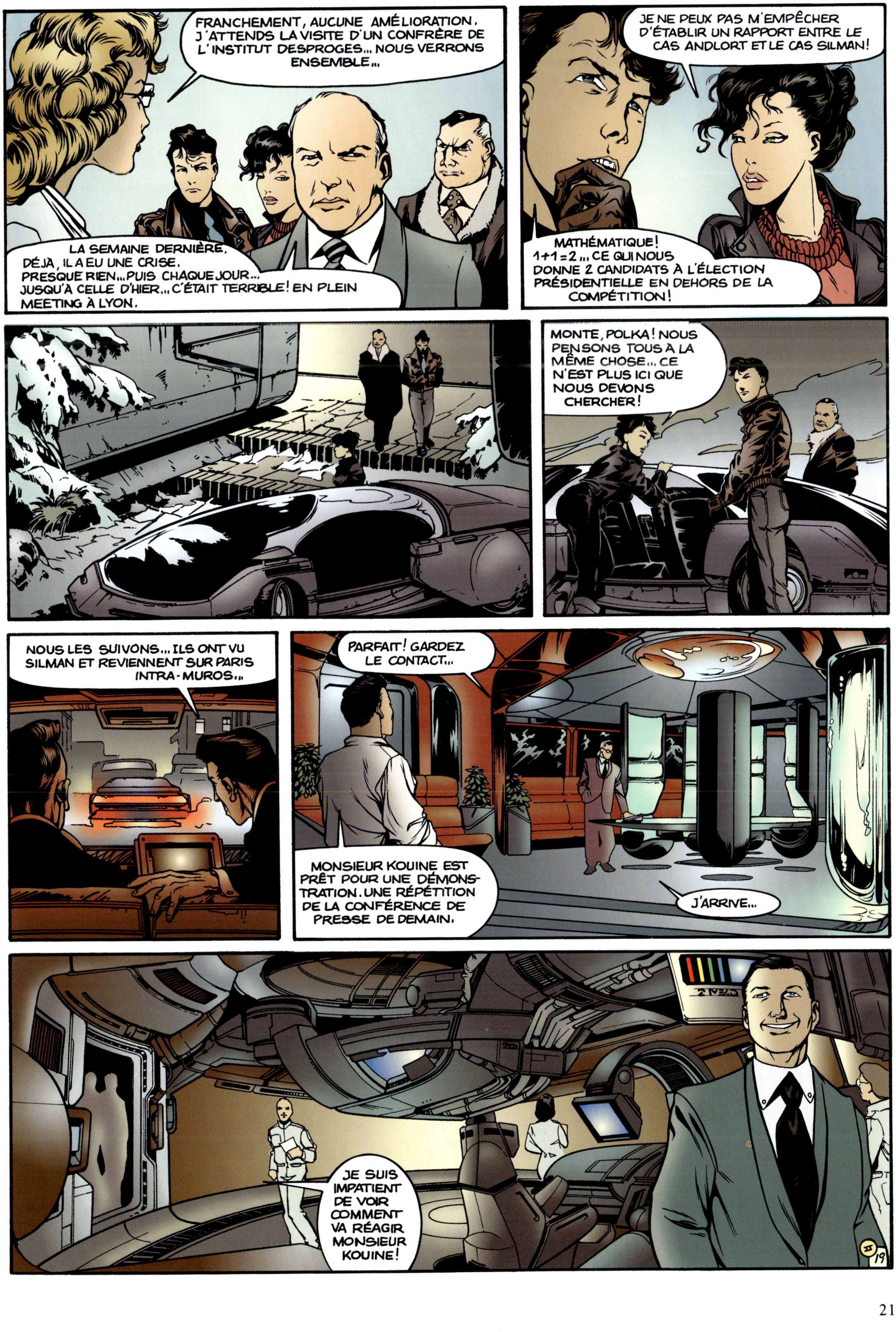
FRANCHEMENT, AUCUNE AMÉLIORATION. J'ATTENDS LA VISITE D'UN CONFRÈRE DE L'INSTITUT DESPROGES... NOUS VERRONS ENSEMBLE...
LA SEMAINE DERNIÈRE, DÉJÀ, IL A EU UNE CRISE. PRESQUE RIEN... PUIS CHAQUE JOUR... JUSQU'À CELLE D'HIER... C'ÉTAIT TERRIBLE! EN PLEIN MEETING À LYON.
JE NE PEUX PAS M'EMPÊCHER D'ÉTABLIR UN RAPPORT ENTRE LE CAS ANDLORT ET LE CAS SILMAN!
MATHÉMATIQUE! 1+1=2... CE QUI NOUS DONNE 2 CANDIDATS À L'ÉLECTION PRÉSIDENTIELLE EN DEHORS DE LA COMPÉTITION!
MONTE, POLKA! NOUS PENSONS TOUS À LA MÊME CHOSE... CE N'EST PLUS ICI QUE NOUS DEVONS CHERCHER!
NOUS LES SUIVONS... ILS ONT VU SILMAN ET REVIENNENT SUR PARIS INTRA-MUROS...
PARFAIT! GARDEZ LE CONTACT...
MONSIEUR KOUINE EST PRÊT POUR UNE DÉMONSTRATION. UNE RÉPÉTITION DE LA CONFÉRENCE DE PRESSE DE DEMAIN.
J'ARRIVE...
JE SUIS IMPATIENT DE VOIR COMMENT VA RÉAGIR MONSIEUR KOUINE!

MARDI, 22 HEURES...
J'AI PU OBTENIR DES CARTONS D'INVITATION POUR LA CONFÉRENCE DE PRESSE DE MONSIEUR KOUINE, DEMAIN. ELLE AURA LIEU À L'HÔTEL KOUCHNER...
EH BIEN NOUS Y SERONS! POUR Y BOIRE SES PAROLES!
POUAH!
Crac Mac
LACT
BONSOIR LA COMPAGNIE! CREVÉ, MOI!.. CE MONSIEUR KOUINE, JE LE CONNAIS SOUS TOUS LES ANGLES! BIEN QUE CE TYPE SOIT LISSE COMME UNE SAVONNETTE!
ARRÊTE DE PENSER À CE PANTIN ET MANGE UN SANDWICH.
JE DOIS AFFINER MES INVESTIGATIONS.. MAIS SI CE QUE JE PENSE EST VRAI, ALORS RIEN N'EST VRAI! SI C'EST CE QUE JE CROIS, ON NE POURRA PLUS CROIRE EN RIEN!
TU ME REDIRAS CELA APRÈS UNE BONNE NUIT DE SOMMEIL, POLY! ÇA DOIT ÊTRE TRÈS INTÉRESSANT!
VOUS RENTREZ, MALVAK? JE PENSAIS QUE VOUS AURIEZ PU COUCHER AU CIRQUE...
NON, MERCI. MA FEMME M'A LÂCHÉ LE MOIS DERNIER ET J'AI QUAND MÊME GARDÉ MES HABITUDES, LA ROUTINE DES HORAIRES! JE PASSERAI VOUS PRENDRE AVEC VÉNEZZIA DEMAIN.
CONTENT DE FAIRE ÉQUIPE AVEC VOUS À NOUVEAU, COMMISSAIRE!
MOI AUSSI, SACRÉE TÊTE DE MULE DE POLONAIS!
II 20

MARDI, 23 HEURES 15
...
...MALVAK SE COUCHAIT TOUS LES SOIRS AVEC UNE BOUTEILLE DE SCOTCH. SON SOMNIFÈRE DEPUIS QUE SA FEMME ÉTAIT PARTIE EN CLAQUANT LA PORTE POUR CONVOLER DANS LES BRAS D'UN SOUS-PRÉFET.
...UNE OFFENSE POUR LE FLIC MODÈLE ET LE MARI DOCILE QU'IL AVAIT TOUJOURS ÉTÉ. SEUL, LE SOMMEIL ALCOOLISÉ L'AIDAIT À NE PAS SE SERVIR DE SON ARME DE SERVICE.
CONTRE LUI-MÊME!
II
21

!?!
NOM DE...
POK
CCRRAK
QUOI...! QU'EST-CE QUE...?
RÉFLEXE! L'ARME DE SERVICE SOUS L'OREILLER... PLACÉE LÀ EN CAS DE TROP GROSSE CRISE DE NEURASTHÉNIE! À PORTÉE DE MAIN.
HÉ! J'AVAIS IN... VITÉ P... PERSONNE... DANS MES R... RÊVES, MOI!
AH... C... CETTE F... FICHUE CARPETTE!
JAMAIS VU UN PLOMBEUR AUSSI MALADROIT!
ÇA VA! DU MOMENT QUE LE BOÎTIER A ÉTÉ PLACÉ!
J'AURAIS D... DÛ JETER T... TOUT CE QUI APPARTENAIT À C... CETTE BOUGRESSE!!! M... MAUDITE CARPETTE!
22

M... MA TÊTE! T... TROP BU, MOI...
QUE VOULAIENT C... CES GARS?
P... PAS VRAI! I... ILS ONT PAS MIS UNE... B...
U... UNE BOMBE?
N... NON. PAS L'IMPRESSION ... QUOI A... ALORS ?
L... LÀ... C... COUCHÉE P... PETITE BÊTE!
ON DEVRAIT B... BRÛLER TOUTES LES C... CARPETTES DE LA TERRE! INTERDIRE LA VENTE D... DES CARPETTES! FAUDRAIT EN P. PARLER... AU PAPE... R'RRRRRR...
II 23

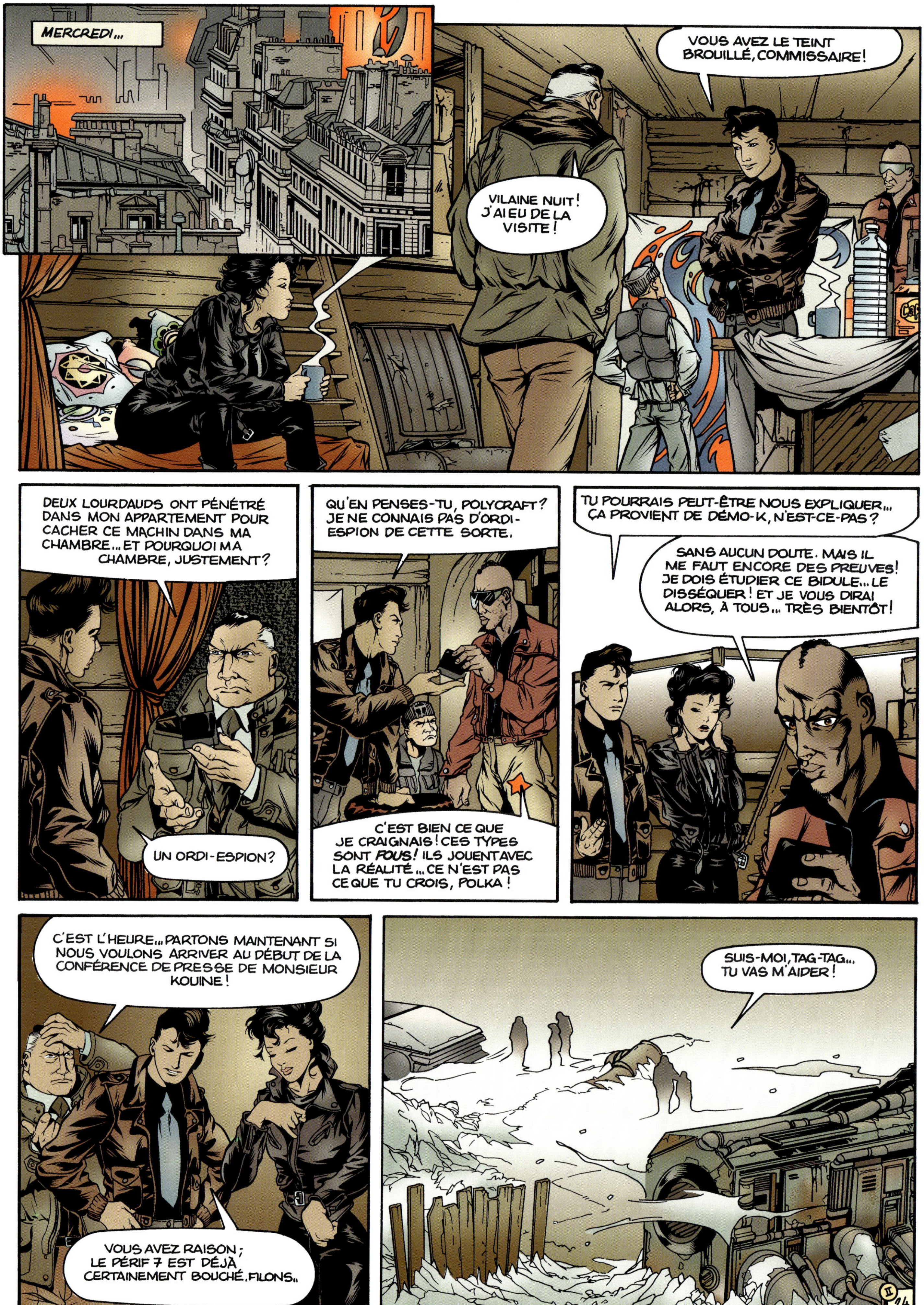
MERCREDI...
VOUS AVEZ LE TEINT BROUILLÉ, COMMISSAIRE!
VILAINE NUIT! J'AI EU DE LA VISITE!
DEUX LOURDAUDS ONT PÉNÉTRÉ DANS MON APPARTEMENT POUR CACHER CE MACHIN DANS MA CHAMBRE... ET POURQUOI MA CHAMBRE, JUSTEMENT?
UN ORDI-ESPION?
QU'EN PENSES-TU, POLYCRAFT? JE NE CONNAIS PAS D'ORDI-ESPION DE CETTE SORTE.
C'EST BIEN CE QUE JE CRAIGNAIS! CES TYPES SONT FOUS! ILS JOUENT AVEC LA RÉALITÉ... CE N'EST PAS CE QUE TU CROIS, POLKA!
TU POURRAIS PEUT-ÊTRE NOUS EXPLIQUER... ÇA PROVIENT DE DÉMO-K, N'EST-CE-PAS?
SANS AUCUN DOUTE. MAIS IL ME FAUT ENCORE DES PREUVES! JE DOIS ÉTUDIER CE BIDULE... LE DISSÉQUER! ET JE VOUS DIRAI ALORS, À TOUS... TRÈS BIENTÔT!
C'EST L'HEURE... PARTONS MAINTENANT SI NOUS VOULONS ARRIVER AU DÉBUT DE LA CONFÉRENCE DE PRESSE DE MONSIEUR KOUINE!
VOUS AVEZ RAISON; LE PÉRIF 7 EST DÉJÀ CERTAINEMENT BOUCHÉ. FILONS...
SUIS-MOI, TAG-TAG... TU VAS M'AIDER!
II 24

MERCREDI, 9 HEURES...
MONSIEUR KOUINE EN ATTIRE DES MOUCHES!
QU'UN CANDIDAT AUSSI ASEPTISÉ PUISSE DRAINER AUTANT DE MONDE EST UN MYSTÈRE QUE JE NE M'EXPLIQUE PAS!
MONSIEUR KOUINE, EST-IL VRAI QUE VOUS AVEZ L'INTENTION DE PROPOSER L'OUVERTURE DE LA NOUVELLE ALLIANCE COMMUNAUTAIRE À LA SERBOGNIE?
TU EN FAIS UNE TÊTE, POLKA! QU'EST-CE QUI T'ARRIVE?
BIZARRE...
UNE SUCCESSION DE PETITS DÉTAILS.. JE NE SAIS PAS LES DÉFINIR MAIS IL Y A DES ATTITUDES, DES RÉACTIONS DANS LE COMPORTEMENT DE MONSIEUR KOUINE... QUI ME METTENT MAL À L'AISE!
AH, TOI AUSSI?
TOUT SE PASSE BIEN, POUR L'INSTANT!
JE VOUS ASSURE QUE NUL N'AURA À SE PLAINDRE DE LA PRESTATION DE MONSIEUR KOUINE. NOUS ENREGISTRERONS, IMMÉDIATEMENT APRÈS, QUATRE À CINQ POINTS DE BÉNÉFICE DANS LES SONDAGES.
MERCREDI, 11 HEURES...
JE VOUS REMERCIE... JE VOUS CONVIE AU LENDEMAIN DU PREMIER TOUR... AU REVOIR, MESDAMES ET MESSIEURS...
II 25

MONSIEUR KOUINE, QUE PENSEZ-VOUS DU SUICIDE DU DOCTEUR ANDLORT ?
ET DU RETRAIT DE MONSIEUR SILMAN ?
AUCUN COMMENTAIRE. ÉCARTEZ-VOUS, MONSIEUR KOUINE DOIT REJOINDRE DÉMO-K !
ON VOUS A DIT DE VOUS ÉCARTER !
KOUINE SERAIT PARANOÏAQUE, DES FOIS ?
ON DIRAIT QU'IL REFUSE TOUT CONTACT PHYSIQUE. UN MANIAQUE ?
LE COMPORTEMENT DE KOUINE ET DE SON ENTOURAGE EST SURPRENANT !
NE ME DITES PAS QUE MONSIEUR KOUINE EST LUI AUSSI EN TRAIN DE FAIRE UNE DÉPRESSION NERVEUSE !
VOUS AVEZ REMARQUÉ... IL A PARFOIS MARQUÉ UN PETIT TEMPS DE DÉCALAGE POUR RÉPONDRE AUX QUESTIONS... ET CETTE RIGIDITÉ, DANS CERTAINS DE SES GESTES !
UN AUTOGRAPHE, MONSIEUR KOUINE !!
VOUS SEREZ BIENTÔT PRÉSIDENT !!
II 26

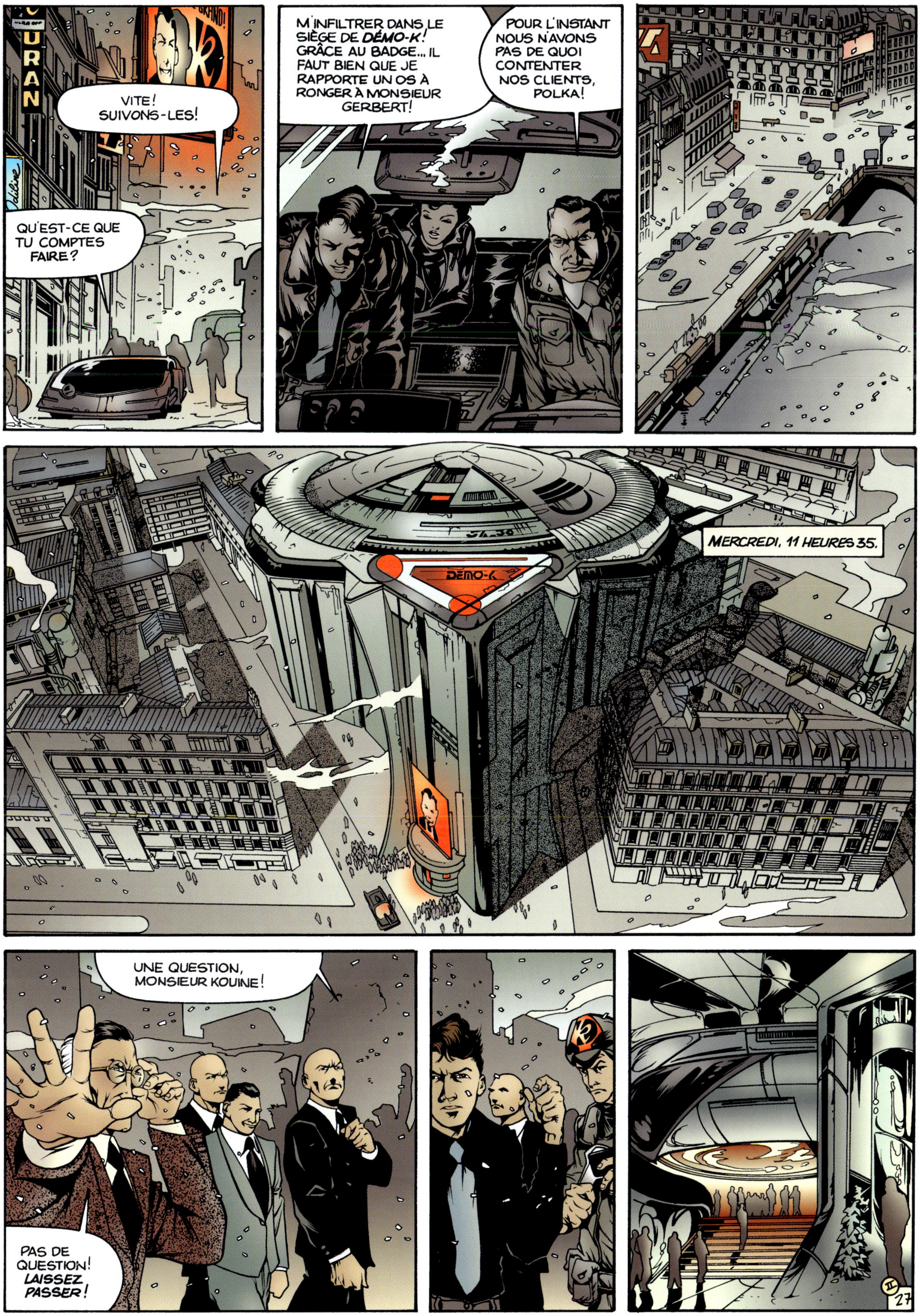
VITE! SUIVONS-LES!
QU'EST-CE QUE TU COMPTES FAIRE?
M'INFILTRER DANS LE SIÈGE DE DÉMO-K! GRÂCE AU BADGE... IL FAUT BIEN QUE JE RAPPORTE UN OS À RONGER À MONSIEUR GERBERT!
POUR L'INSTANT NOUS N'AVONS PAS DE QUOI CONTENTER NOS CLIENTS, POLKA!
MERCREDI, 11 HEURES 35.
DÉMO-K
UNE QUESTION, MONSIEUR KOUINE!
PAS DE QUESTION! LAISSEZ PASSER!
27

3... 5... 2... 1...
II 28

MONSIEUR KOUINE N'EST PAS RESSORTI DE CETTE PIÈCE! IL DOIT Y AVOIR UN PASSAGE... UNE AUTRE PORTE! PAR OÙ A-T-IL PU DISPARAÎTRE?
LE VOICI ENFIN!
II 29

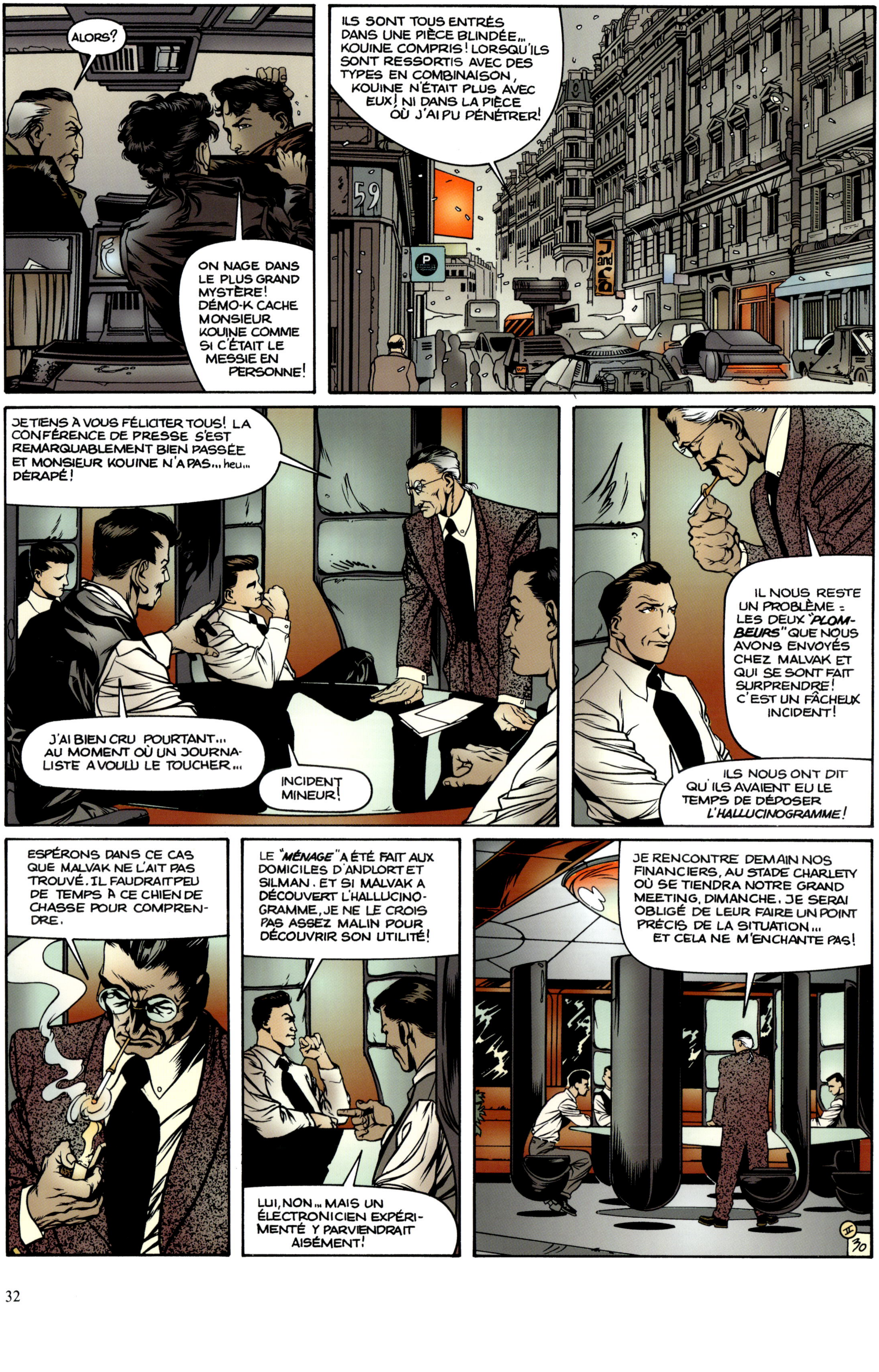
ALORS?
ILS SONT TOUS ENTRÉS DANS UNE PIÈCE BLINDÉE... KOUINE COMPRIS! LORSQU'ILS SONT RESSORTIS AVEC DES TYPES EN COMBINAISON, KOUINE N'ÉTAIT PLUS AVEC EUX! NI DANS LA PIÈCE OÙ J'AI PU PÉNÉTRER!
ON NAGE DANS LE PLUS GRAND MYSTÈRE! DÉMO-K CACHE MONSIEUR KOUINE COMME SI C'ÉTAIT LE MESSIE EN PERSONNE!
JE TIENS À VOUS FÉLICITER TOUS! LA CONFÉRENCE DE PRESSE S'EST REMARQUABLEMENT BIEN PASSÉE ET MONSIEUR KOUINE N'A PAS... heu... DÉRAPÉ!
J'AI BIEN CRU POURTANT... AU MOMENT OÙ UN JOURNALISTE A VOULU LE TOUCHER...
INCIDENT MINEUR!
IL NOUS RESTE UN PROBLÈME : LES DEUX "PLOMBEURS" QUE NOUS AVONS ENVOYÉS CHEZ MALVAK ET QUI SE SONT FAIT SURPRENDRE! C'EST UN FÂCHEUX INCIDENT!
ILS NOUS ONT DIT QU'ILS AVAIENT EU LE TEMPS DE DÉPOSER L'HALLUCINOGRAMME!
ESPÉRONS DANS CE CAS QUE MALVAK NE L'AIT PAS TROUVÉ. IL FAUDRAIT PEU DE TEMPS À CE CHIEN DE CHASSE POUR COMPRENDRE.
LE "MÉNAGE" A ÉTÉ FAIT AUX DOMICILES D'ANDLORT ET SILMAN. ET SI MALVAK A DÉCOUVERT L'HALLUCINOGRAMME, JE NE LE CROIS PAS ASSEZ MALIN POUR DÉCOUVRIR SON UTILITÉ!
LUI, NON... MAIS UN ÉLECTRONICIEN EXPÉRIMENTÉ Y PARVIENDRAIT AISÉMENT!
JE RENCONTRE DEMAIN NOS FINANCIERS, AU STADE CHARLETY OÙ SE TIENDRA NOTRE GRAND MEETING, DIMANCHE. JE SERAI OBLIGÉ DE LEUR FAIRE UN POINT PRÉCIS DE LA SITUATION... ET CELA NE M'ENCHANTE PAS!
59
II 30

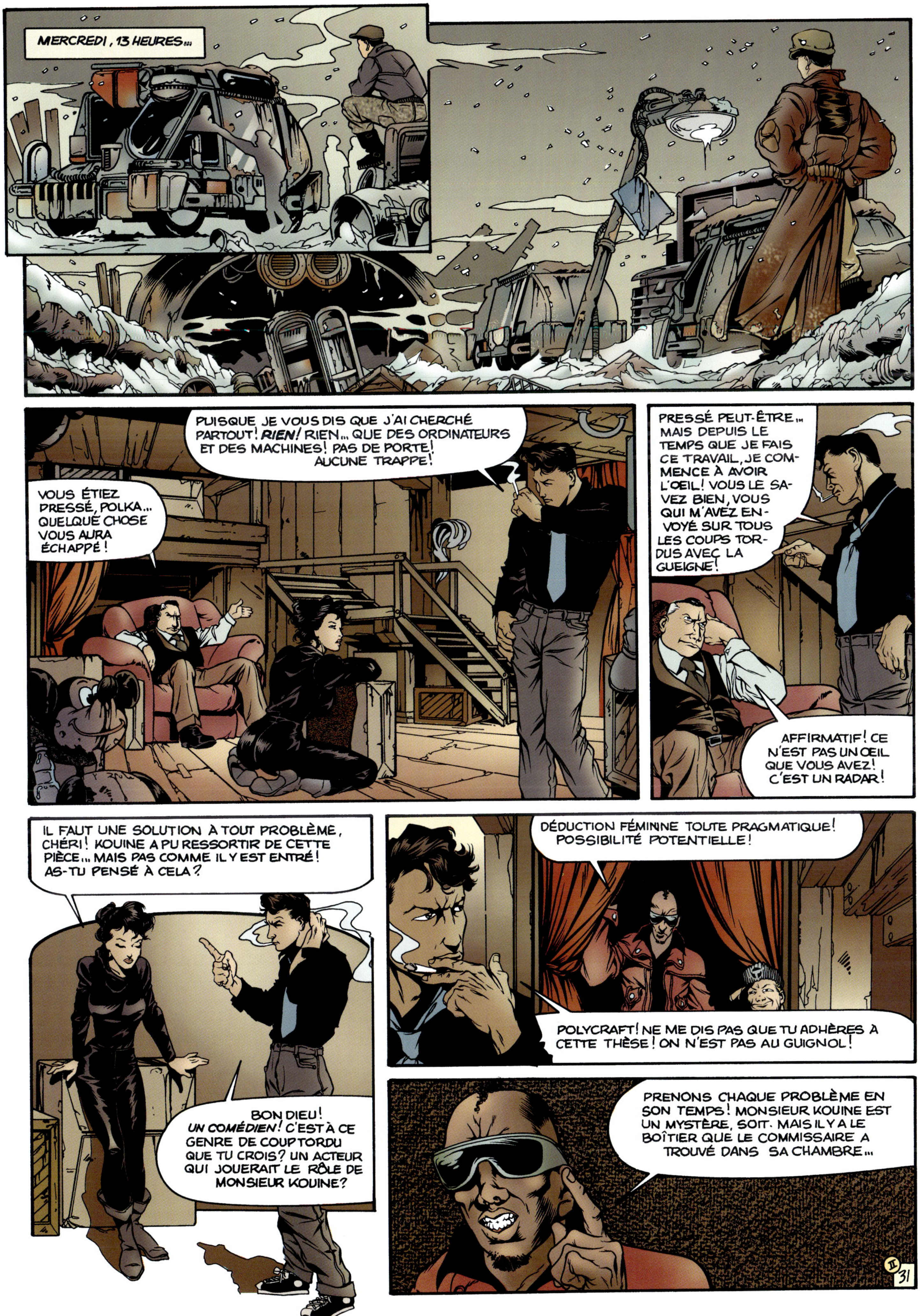

MERCREDI, 13 HEURES...
PUISQUE JE VOUS DIS QUE J'AI CHERCHÉ PARTOUT! RIEN! RIEN... QUE DES ORDINATEURS ET DES MACHINES! PAS DE PORTE! AUCUNE TRAPPE!
VOUS ÉTIEZ PRESSÉ, POLKA... QUELQUE CHOSE VOUS AURA ÉCHAPPÉ!
PRESSÉ PEUT-ÊTRE... MAIS DEPUIS LE TEMPS QUE JE FAIS CE TRAVAIL, JE COMMENCE À AVOIR L'OEIL! VOUS LE SAVEZ BIEN, VOUS QUI M'AVEZ ENVOYÉ SUR TOUS LES COUPS TORDUS AVEC LA GUEIGNE!
AFFIRMATIF! CE N'EST PAS UN OEIL QUE VOUS AVEZ! C'EST UN RADAR!
IL FAUT UNE SOLUTION À TOUT PROBLÈME, CHÉRI! KOUINE A PU RESSORTIR DE CETTE PIÈCE... MAIS PAS COMME IL Y EST ENTRÉ! AS-TU PENSÉ À CELA?
BON DIEU! UN COMÉDIEN! C'EST À CE GENRE DE COUP TORDU QUE TU CROIS? UN ACTEUR QUI JOUERAIT LE RÔLE DE MONSIEUR KOUINE?
DÉDUCTION FÉMININE TOUTE PRAGMATIQUE! POSSIBILITÉ POTENTIELLE!
POLYCRAFT! NE ME DIS PAS QUE TU ADHÈRES À CETTE THÈSE! ON N'EST PAS AU GUIGNOL!
PRENONS CHAQUE PROBLÈME EN SON TEMPS! MONSIEUR KOUINE EST UN MYSTÈRE, SOIT. MAIS IL Y A LE BOÎTIER QUE LE COMMISSAIRE A TROUVÉ DANS SA CHAMBRE...
II 31

M'OUI... VOUS AVEZ RÉUSSI À LE DÉCAPSULER, CE MACHIN?
MIEUX QUE CELA! JE L'AI "NEUTRALISÉ"!
QU'ENTENDS-TU PAR LÀ? NEUTRALISÉ?...
LE MIEUX SERAIT QUE NOUS NOUS RENDIONS DANS MON LABO, TAG-TAG EST DÉJÀ AU COURANT...
PRÉPAREZ-VOUS À UNE PETITE SURPRISE!
J'AIME PAS TROP LES SURPRISES, MOI! QUESTION DE CARACTÈRE!
CELLE-CI EST LA REINE, COMMISSAIRE!
LA SURPRISE! LA CLEF DE VOTRE ENQUÊTE!
VITE! LE VENT FAIT ENTRER LA NEIGE! PAS BON POUR MES ORDINATEURS!
VOUS NOUS EXCUSEREZ... MAIS, CETTE FOIS, TAG-TAG ET MOI ALLONS NOUS PROTÉGER POUR VOUS FAIRE UNE PETITE DÉMONSTRATION DES PROPRIÉTÉS DE CETTE CHARMANTE BOÎTE NOIRE!
J'AI RÉUSSI À "APPRIVOISER" CETTE MACHINE... J'EN SUIS DEVENU LE MAÎTRE! SINON, ELLE AGIRAIT SANS CESSE ET SES EFFETS SERAIENT REDOUTABLES POUR CEUX QUI LA CÔTOIERAIENT RÉGULIÈREMENT!
VOUS ALLEZ COMPRENDRE!
II 32

VOUS ÊTES PRÊTS POUR LE DÉPART DANS LE TRAIN FANTÔME ? ACTION!!!
MMMM
VÉNEZZIA... MALVAK... VOUS ÊTES EN TRAIN DE... !!!
POLKA! TU DEVIENS FOU!
NON!!! QU'EST-CE QU'IL SE PASSE? JE... JE SUIS FOU!!!
ARRIÈRE!!! ARRIÈRE!!! NE ME TOUCHE SURTOUT PAS! ENLÈVE TES PALMES DE MOI!
MERCREDI... 13 HEURES 20... HORS DE LA RÉALITÉ...
ARRÊTE, POLY... JE T'EN PRIE! C'EST SUFFISANT!
TU AS RAISON, CETTE DÉMONSTRATION, SI COURTE SOIT-ELLE, LEUR FERA COMPRENDRE À QUOI DEVAIT SERVIR CETTE SALOPERIE...
QU'EST-CE QUE C'ÉTAIT, POLYCRAFT? OÙ ÉTIONS-NOUS?
M... MA TÊTE!
MMMMMMMMVT...
II 33

VOUS AVIEZ QUITTÉ LA RÉALITÉ TOUS LES TROIS! ON Y A GOÛTÉ AVEC TAG-TAG, ON CONNAÎT!
C'EST CE QUI EST ARRIVÉ À ANDLORT ET SILMAN?
EN BIEN PIRE, OUI, ILS ONT DÛ RESTER EXPOSÉS LONGUEMENT AUX ÉMISSIONS HALLUCINOGÈNES DU BOÎTIER PLACÉ CHEZ EUX.
CE QUI A EU POUR EFFET DE LES RENDRE FOUS!
CETTE CHOSE DIFFUSE UN HALLUCINOGÈNE SELON UNE FRÉQUENCE EN PHASE AVEC LE CERVEAU HUMAIN! UN VENIN VIRTUEL! ELLE CRÉE PAR INTERMITTENCE DES MIRAGES, DES CHIMÈRES QUI CONDUISENT PROGRESSIVEMENT LA VICTIME VERS LA DÉMENCE!
CETTE ARME VIENDRAIT DE DÉMO-K?
IL SUFFIT DE SE DEMANDER À QUI PROFITE LE CRIME!
ET VOUS, MALVAK, SI VOUS N'AVIEZ PAS DÉCOUVERT CETTE HORREUR, VOUS SERIEZ PEUT-ÊTRE ACTUELLEMENT HORS-CIRCUIT!
LES AUTRES CANDIDATS! ILS RISQUENT DE SUBIR LE MÊME SORT!
NON, CE SERAIT TROP VISIBLE! TANT DE COÏNCIDENCES ALERTERAIENT L'OPINION. DÉMO-K AGIT SELON UN PLAN PRÉCIS... EN FONCTION DES SONDAGES DE SES PRINCIPAUX CONCURRENTS!
IL EST VRAI QU'ANDLORT ET SILMAN ROGNAIENT DES VOIX SUR L'AILE LIBÉRALE DE DÉMO-K.
ILS AVAIENT, DE PLUS, AFFIRMÉ PUBLIQUEMENT QU'ILS NE DEMANDERAIENT PAS LE REPORT DE LEURS VOIX SUR MONSIEUR KOUINE AU SECOND TOUR!
QUAND NOUS APPRENDRONS CELA À NOLAN GERBERT...
OUI... MAIS CONTRE QUI LUTTONS-NOUS VRAIMENT? J'AI LE SENTIMENT DE ME DÉBATTRE DANS UN...
DANS UN RÊVE! DANS UN JEU VIDÉO! ILS ONT RÉUSSI À TRICHER AVEC LA RÉALITÉ POUR RÉALISER LEURS COMBINES!
"ILS"? CEUX QUI TIRENT LES FICELLES DE DÉMO-K... LES MAÎTRES DU JEU!!!
II 34

JEUDI, 8 HEURES 30...
VOUS AVEZ BEAUCOUP AVANCÉ, MESSIEURS! MAIS LES INFORMATIONS QUE VOUS NOUS AVEZ DONNÉES NOUS CONFORTENT DANS L'IDÉE QUE DÉMO-K EST L'OUTIL D'UNE GRANDE PUISSANCE OCCULTE!
IL FAUDRAIT LEUR DIRE MAINTENANT... ILS SONT EN DROIT DE SAVOIR!
M'mmm... AU SUJET DE LA PIEUVRE ?
PARDON, MONSIEUR LE PRÉSIDENT ?
VOUS NE M'AVIEZ PAS PARLÉ DE CELA AU DÉBUT... PERSONNE NE M'AVAIT DIT QUE LA PIEUVRE ÉTAIT EN CAUSE!
AURIEZ-VOUS ACCEPTÉ CETTE MISSION, COMMISSAIRE?
LA PIEUVRE A PRIS DE L'EXPANSION DANS LES PAYS DE L'EST DEPUIS LA REFONTE DU TRAITÉ DE MAASTRICHT, COMME VOUS LE SAVEZ... LES AGRO-FIRMES ET LES PÉTRO-GROUPES ONT FORMÉ UN CARTEL PUISSANT QUI N'APPRÉCIE PAS LES DIRECTIONS PRISES CES DERNIÈRES ANNÉES PAR LES POLITIQUES EUROPÉENNES...
LA FRANCE EST AU CŒUR DES INTÉRÊTS! LA PIEUVRE PARVIENDRAIT À PLACER UN HOMME À SA SOLDE DANS LE FAUTEUIL ÉLYSÉEN, ...
...LE PAYS TOMBERAIT ENTRE SES TENTACULES. VOUS IMAGINEZ QUEL GENRE DE NOUVEAUX TRAITÉS SERAIENT ALORS PASSÉS ET QUI GOUVERNERAIT EN RÉALITÉ!
OUI, UN CÉNACLE COMPOSÉ D'UNE POIGNÉE DE RAPACES!
JE VOUS DEMANDE DE VOUS RENDRE AU STADE CHARLETY... NE CHERCHEZ PAS À SAVOIR POURQUOI... DISONS QUE J'AI PARFOIS UN PETIT DON DE VOYANCE!
II 35

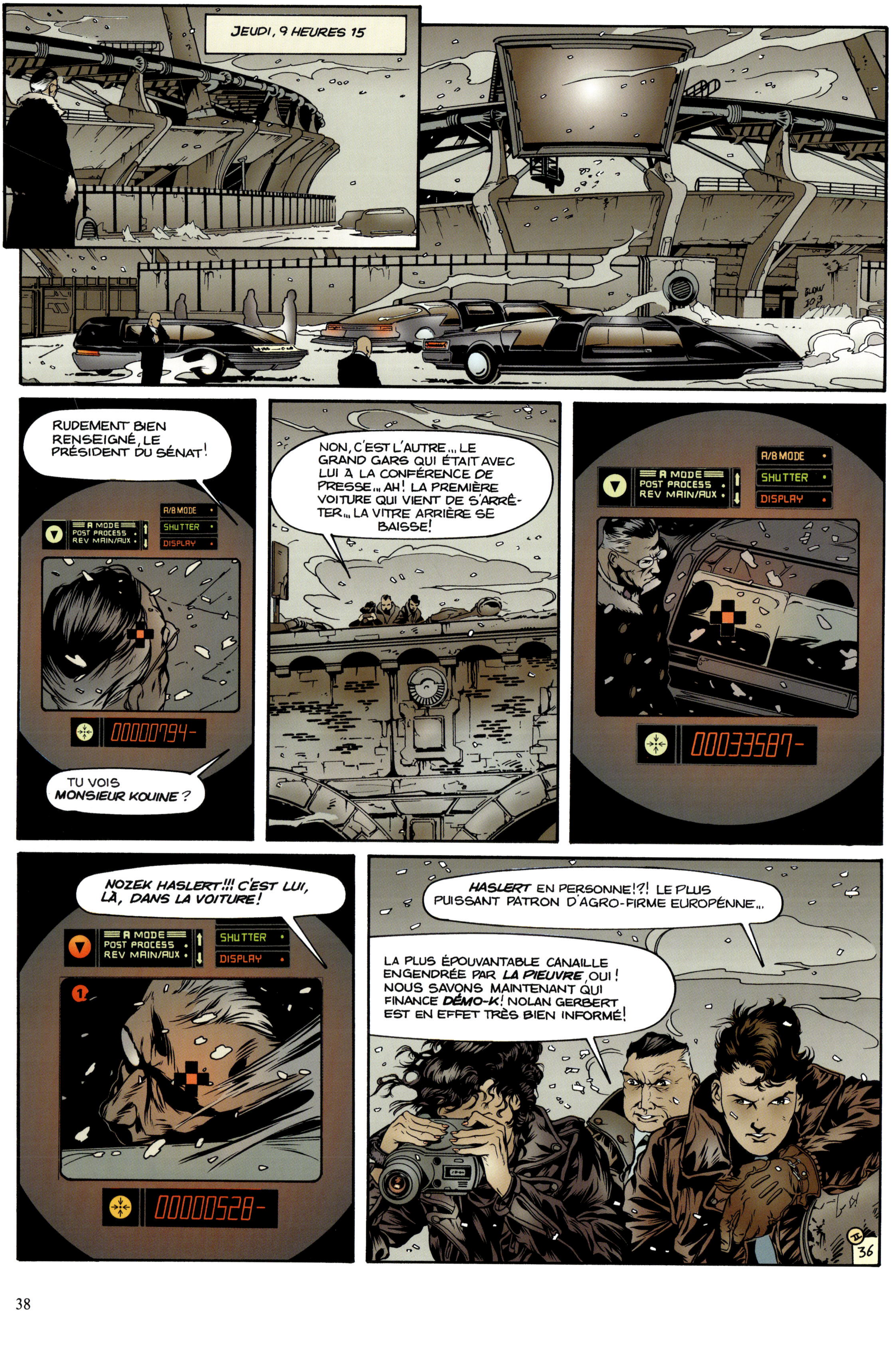
JEUDI, 9 HEURES 15
RUDEMENT BIEN RENSEIGNÉ, LE PRÉSIDENT DU SÉNAT!
A/B MODE
A MODE
POST PROCESS
REV MAIN/AUX
SHUTTER
DISPLAY
00000794-
TU VOIS MONSIEUR KOUINE?
NON, C'EST L'AUTRE... LE GRAND GARS QUI ÉTAIT AVEC LUI À LA CONFÉRENCE DE PRESSE... AH! LA PREMIÈRE VOITURE QUI VIENT DE S'ARRÊTER... LA VITRE ARRIÈRE SE BAISSE!
A/B MODE
A MODE
POST PROCESS
REV MAIN/AUX
SHUTTER
DISPLAY
00033587-
NOZEK HASLERT!!! C'EST LUI, LÀ, DANS LA VOITURE!
A MODE
POST PROCESS
REV MAIN/AUX
SHUTTER
DISPLAY
00000528-
HASLERT EN PERSONNE!?! LE PLUS PUISSANT PATRON D'AGRO-FIRME EUROPÉNNE...
LA PLUS ÉPOUVANTABLE CANAILLE ENGENDRÉE PAR LA PIEUVRE, OUI! NOUS SAVONS MAINTENANT QUI FINANCE DÉMO-K! NOLAN GERBERT EST EN EFFET TRÈS BIEN INFORMÉ!
II 36

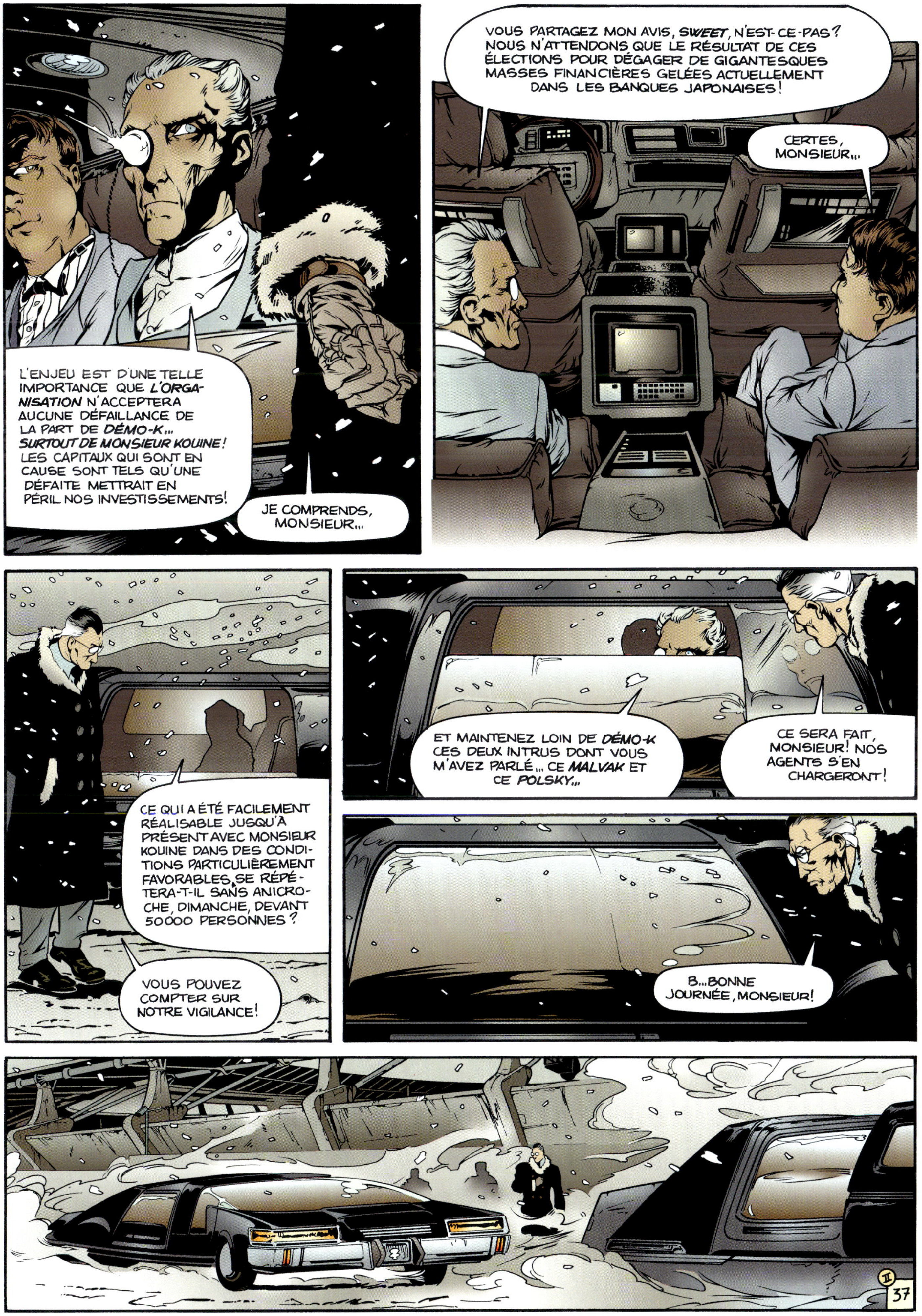
L'ENJEU EST D'UNE TELLE IMPORTANCE QUE L'ORGANISATION N'ACCEPTERA AUCUNE DÉFAILLANCE DE LA PART DE DÉMO-K... SURTOUT DE MONSIEUR KOUINE! LES CAPITAUX QUI SONT EN CAUSE SONT TELS QU'UNE DÉFAITE METTRAIT EN PÉRIL NOS INVESTISSEMENTS!
JE COMPRENDS, MONSIEUR...
VOUS PARTAGEZ MON AVIS, SWEET, N'EST-CE-PAS? NOUS N'ATTENDONS QUE LE RÉSULTAT DE CES ÉLECTIONS POUR DÉGAGER DE GIGANTESQUES MASSES FINANCIÈRES GELÉES ACTUELLEMENT DANS LES BANQUES JAPONAISES!
CERTES, MONSIEUR...
CE QUI A ÉTÉ FACILEMENT RÉALISABLE JUSQU'À PRÉSENT AVEC MONSIEUR KOUINE DANS DES CONDITIONS PARTICULIÈREMENT FAVORABLES, SE RÉPÉTERA-T-IL SANS ANICROCHE, DIMANCHE, DEVANT 50000 PERSONNES?
VOUS POUVEZ COMPTER SUR NOTRE VIGILANCE!
ET MAINTENEZ LOIN DE DÉMO-K CES DEUX INTRUS DONT VOUS M'AVEZ PARLÉ... CE MALVAK ET CE POLSKY...
CE SERA FAIT, MONSIEUR! NOS AGENTS S'EN CHARGERONT!
B... BONNE JOURNÉE, MONSIEUR!
II
37

NOUS EN SAVONS ASSEZ, PARTONS D'ICI OU NOUS ALLONS GELER SUR PLACE!
J'AI TIRÉ AU MOINS UNE BONNE DIZAINE DE PORTRAITS DE NOZEK HASLERT EN CONVERSATION AVEC L'UN DES REPRÉSENTANTS DE DÉMO-K!
KOUINE M'A TOUT L'AIR D'UN PANTIN ENTRE LES MAINS DE CES CRAPULES! LE BUT DE LA PIEUVRE, C'EST DE FAIRE TOMBER LA FRANCE ENTRE SES GRIFFES POUR LA SAIGNER À BLANC!
ET ÇA PEUT RÉUSSIR!
JE SERAIS HEUREUX DE REVENIR À MOSCOU QUAND TOUT SERA TERMINÉ! JE NE SUPPORTE PAS CETTE VILLE!
RESTAU
SON RÉGUL* ME FAIT TOUSSER, SES HABITANTS SONT TOUS MOROSES ET IL Y A DE PLUS EN PLUS DE CLOCHARDS... DES NON-CARTES ERRANTS!
* Brouillard polluant
EN ATTENDANT, JE NE BOUGERAI PAS DE L'HÔTEL... LÀ AU MOINS, L'AIR CLIMATISÉ ME FAIT OUBLIER CETTE POLLUTION! JE REGARDERAI LE MEETING DIMANCHE À LA TÉLÉVISION!
LE COURONNEMENT DE LA CAMPAGNE DE CE CHER MONSIEUR KOUINE!
UNE VICTOIRE ASSURÉE MONSIEUR!
IL RESTE UN PETIT DÉTAIL... QUELQUE CHOSE QUI ME TRACASSE!
AH? ET QUOI DONC, MONSIEUR? JE PENSAIS QUE TOUT ÉTAIT CONFORME À NOS PLANS!
II 38

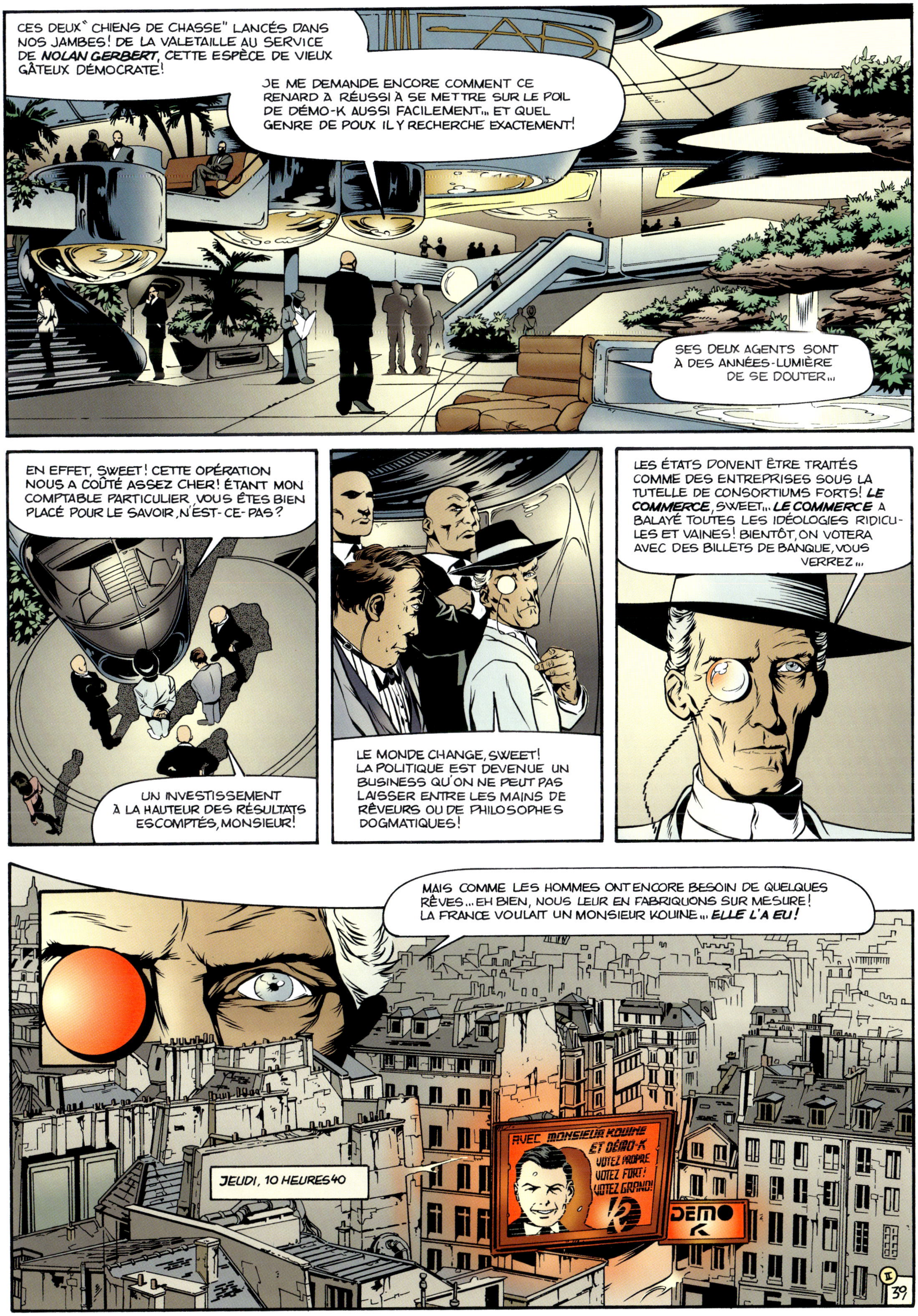
CES DEUX "CHIENS DE CHASSE" LANCÉS DANS NOS JAMBES! DE LA VALETAILLE AU SERVICE DE NOLAN GERBERT, CETTE ESPÈCE DE VIEUX GÂTEUX DÉMOCRATE!
JE ME DEMANDE ENCORE COMMENT CE RENARD A RÉUSSI À SE METTRE SUR LE POIL DE DÉMO-K AUSSI FACILEMENT... ET QUEL GENRE DE POUX IL Y RECHERCHE EXACTEMENT!
SES DEUX AGENTS SONT À DES ANNÉES-LUMIÈRE DE SE DOUTER...
EN EFFET, SWEET! CETTE OPÉRATION NOUS A COÛTÉ ASSEZ CHER! ÉTANT MON COMPTABLE PARTICULIER, VOUS ÊTES BIEN PLACÉ POUR LE SAVOIR, N'EST-CE-PAS?
UN INVESTISSEMENT À LA HAUTEUR DES RÉSULTATS ESCOMPTÉS, MONSIEUR!
LE MONDE CHANGE, SWEET! LA POLITIQUE EST DEVENUE UN BUSINESS QU'ON NE PEUT PAS LAISSER ENTRE LES MAINS DE RÊVEURS OU DE PHILOSOPHES DOGMATIQUES!
LES ÉTATS DOIVENT ÊTRE TRAITÉS COMME DES ENTREPRISES SOUS LA TUTELLE DE CONSORTIUMS FORTS! LE COMMERCE, SWEET... LE COMMERCE A BALAYÉ TOUTES LES IDÉOLOGIES RIDICULES ET VAINES! BIENTÔT, ON VOTERA AVEC DES BILLETS DE BANQUE, VOUS VERREZ...
MAIS COMME LES HOMMES ONT ENCORE BESOIN DE QUELQUES RÊVES... EH BIEN, NOUS LEUR EN FABRIQUONS SUR MESURE! LA FRANCE VOULAIT UN MONSIEUR KOUINE... ELLE L'A EU!
JEUDI, 10 HEURES 40
AVEC MONSIEUR KOUINE ET DÉMO-K
VOTEZ PROPRE VOTEZ FORT! VOTEZ GRAND!
DEMO K

JEUDI, 22 HEURES 30...
F'FFF... CREVÉ, MOI! JE N'AI JAMAIS AUTANT TRAVAILLÉ QUE DEPUIS QUE JE SUIS DEVENU UN NON-CARTE!
PENSE À MALVAK QUI VIENT DE NOUS QUITTER...
POUR RENTRER CHEZ LUI OÙ PERSONNE NE L'ATTEND! TU L'IMAGINES, CE GROS SANGLIER, TOURNANT EN ROND DANS SA CHAMBRE, RUMINANT SA COLÈRE CONTRE SA FEMME!
TU PARLES! IL DOIT OUBLIER DANS LE SCOTCH! TU AS SENTI SON HALEINE, LE MATIN?
PAUVRE COMMISSAIRE QUI AIMERAIT BIEN QUE DES MAINS DOUCES ET EXPERTES LUI MASSENT LES ÉPAULES, LE DOS...
AH TOI... TU SEMBLES MOINS FATIGUÉE QUE MOI... QUAND JE TE SENS COMME ÇA, C'EST QU'IL Y A DU CÂLIN DANS L'AIR!
CE SOIR, C'EST RÉCRÉATION, POLKA! ON OUBLIE UN INSTANT DÉMO-K, MONSIEUR KOUINE, ET LEURS BOÎTES QUI RENDENT FOUS! ON LIBÈRE SES PETITS NEURONES... ON RELÂCHE SES MUSCLES...
M'mmm...
QUI POURRAIT NE PAS SUCCOMBER À TES CARESSES, ET TON PARFUM, VÉNEZZIA? DIRE QUE JE T'AI IMAGINÉE EN MONSTRE À CAUSE DE CETTE MACHINE! TOI, UN MONSTRE!!!
OUBLIONS CE CAUCHEMAR... LA RÉALITÉ, C'EST CELA, POLKA...
JUSTE CELA... UN LONG BAISER...
II 40

JEUDI, 22 HEURES 35... SYD MEAD HÔTEL... DANS LA SUITE DE LIMAN SWEET...
MAINTENANT...
L'HÔTEL NE PEUT PAS ÊTRE SUR ÉCOUTE...
DIDIDIDIUUUUU!!!
OUI... C'EST VOUS? JE VOUS ÉCOUTE... FAITES VITE... JE N'AI PAS CONFIANCE DANS LA LIGNE. UTILISEZ LE CODE!
C'EST AU SUJET DU "POISSON-PILOTE"... DIMANCHE... QUAND ON LE SORTIRA DE SON AQUARIUM... IL FAUT QUE VOUS SACHIEZ...
LE "POISSON-PILOTE" N'EST PAS UN... MAIS!!!
II 41

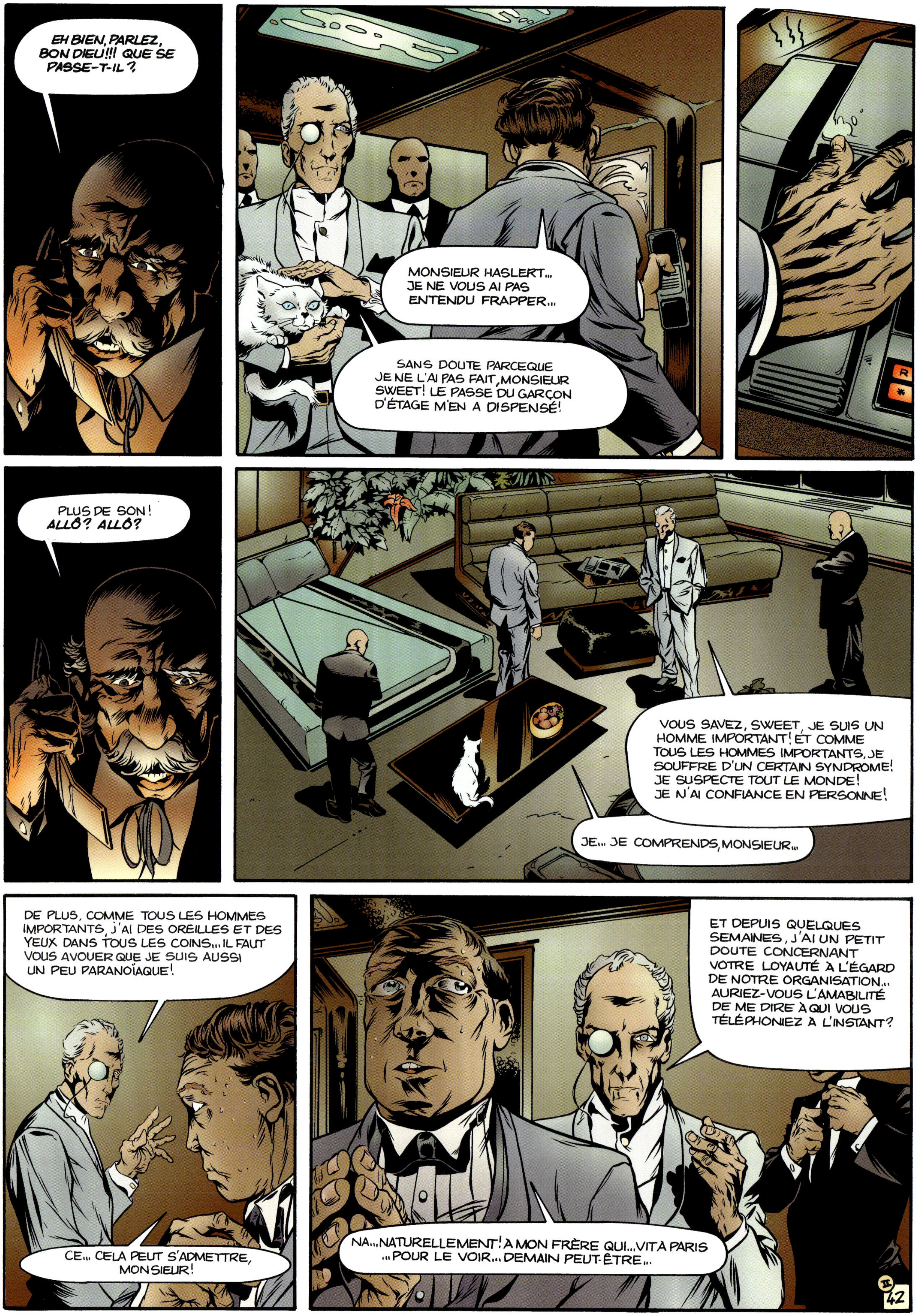
EH BIEN, PARLEZ, BON DIEU!!! QUE SE PASSE-T-IL ?
MONSIEUR HASLERT... JE NE VOUS AI PAS ENTENDU FRAPPER...
SANS DOUTE PARCEQUE JE NE L'AI PAS FAIT, MONSIEUR SWEET! LE PASSE DU GARÇON D'ÉTAGE M'EN A DISPENSÉ!
PLUS DE SON! ALLÔ? ALLÔ?
VOUS SAVEZ, SWEET, JE SUIS UN HOMME IMPORTANT! ET COMME TOUS LES HOMMES IMPORTANTS, JE SOUFFRE D'UN CERTAIN SYNDROME! JE SUSPECTE TOUT LE MONDE! JE N'AI CONFIANCE EN PERSONNE!
JE... JE COMPRENDS, MONSIEUR...
DE PLUS, COMME TOUS LES HOMMES IMPORTANTS, J'AI DES OREILLES ET DES YEUX DANS TOUS LES COINS... IL FAUT VOUS AVOUER QUE JE SUIS AUSSI UN PEU PARANOÏAQUE!
CE... CELA PEUT S'ADMETTRE, MONSIEUR!
ET DEPUIS QUELQUES SEMAINES, J'AI UN PETIT DOUTE CONCERNANT VOTRE LOYAUTÉ À L'ÉGARD DE NOTRE ORGANISATION... AURIEZ-VOUS L'AMABILITÉ DE ME DIRE À QUI VOUS TÉLÉPHONIEZ À L'INSTANT?
NA... NATURELLEMENT! A MON FRÈRE QUI... VIT À PARIS ...POUR LE VOIR... DEMAIN PEUT-ÊTRE...
II 42

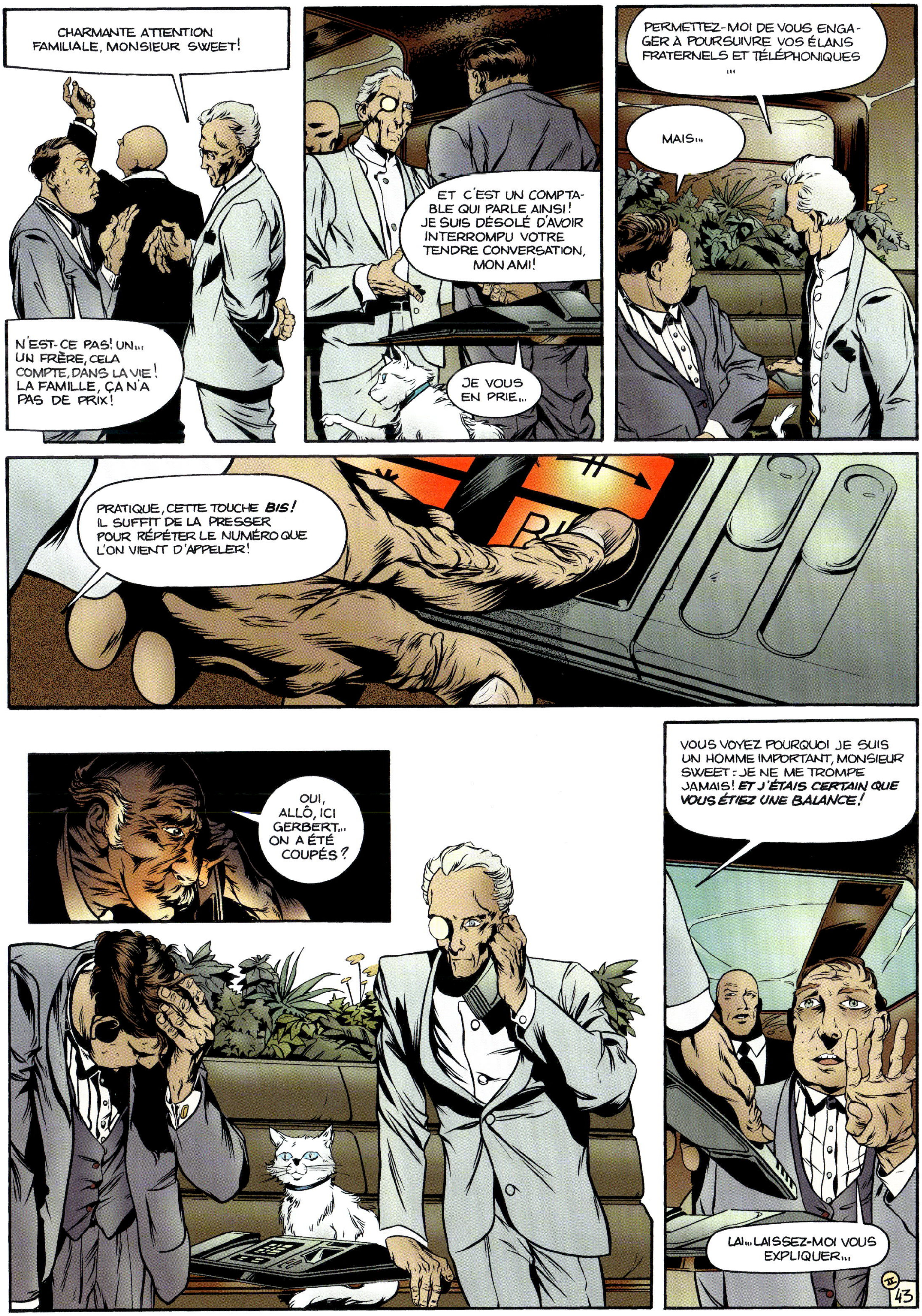
CHARMANTE ATTENTION FAMILIALE, MONSIEUR SWEET!
N'EST-CE PAS! UN... UN FRÈRE, CELA COMPTE, DANS LA VIE! LA FAMILLE, ÇA N'A PAS DE PRIX!
ET C'EST UN COMPTABLE QUI PARLE AINSI! JE SUIS DÉSOLÉ D'AVOIR INTERROMPU VOTRE TENDRE CONVERSATION, MON AMI!
JE VOUS EN PRIE...
PERMETTEZ-MOI DE VOUS ENGAGER À POURSUIVRE VOS ÉLANS FRATERNELS ET TÉLÉPHONIQUES ...
MAIS...
PRATIQUE, CETTE TOUCHE BIS! IL SUFFIT DE LA PRESSER POUR RÉPÉTER LE NUMÉRO QUE L'ON VIENT D'APPELER!
OUI, ALLÔ, ICI GERBERT... ON A ÉTÉ COUPÉS?
VOUS VOYEZ POURQUOI JE SUIS UN HOMME IMPORTANT, MONSIEUR SWEET: JE NE ME TROMPE JAMAIS! ET J'ÉTAIS CERTAIN QUE VOUS ÉTIEZ UNE BALANCE!
LAI... LAISSEZ-MOI VOUS EXPLIQUER...
II 43

NOLAN GERBERT A FAIT PRESSION SUR MOI, MONSIEUR HASLERT! UN DE SES AGENTS EST VENU ME PARLER DE MA FAMILLE... DU CHANTAGE, VOUS COMPRENEZ ?
VOUS TRANSPIREZ, MONSIEUR SWEET ET VOTRE ODEUR M'INCOMMODE!
QU'ON ME DÉBARRASSE DE CE SAC D'ORDURES !
M... MONSIEUR HASLERT!... JE VOUS EN PRIE! JE N'AI RIEN DIT CONCERNANT MONSIEUR KOUINE!!! GERBERT NE SAIT PAS!
SANS DOUTE VOUS PRÉPARIEZ-VOUS À LE FAIRE, CE SOIR, MONSIEUR SWEET! JE VOUS AI ENTENDU PARLER D'UN CERTAIN "POISSON-PILOTE" QUI NE SERAIT PAS CE QUE L'ON CROIT!
GRÂCE!!! UNFFF...
JEUDI, 23 HEURES 50...
DDDDOOOUUUUUUMMMM!!!
À CETTE HEURE?
'PEUT MÊME PLUS SE SAOULER EN PAIX! CE N'EST QUAND MÊME PAS POLKA QUI VIENDRAIT ME FAIRE LA CAUSETTE!
PUIS-JE ENTRER, COMMISSAIRE?
SI JE M'ATTENDAIS À VOUS VOIR...!
II 44

MONSIEUR LE PRÉSIDENT... VOUS EXCUSEREZ LE DÉSORDRE ET... ENFIN, JE VIS SEUL...
PAS D'EFFET DE PUDEUR ENTRE NOUS, COMMISSAIRE; LE MOMENT EST TROP GRAVE ET C'EST MOI QUI ME SUIS INVITÉ, MAIS JE DEVAIS VOUS VOIR LE PLUS TÔT POSSIBLE.
JE ME DEVAIS DE VOUS EXPLIQUER... J'AVAIS PLACÉ L'UN DE MES AGENTS DU CÔTÉ DES PARRAINS DE DÉMO-K. C'EST PAR LUI QUE J'AVAIS EU VENT DE L'OPÉRATION DE MAINMISE QUI SE TRAMAIT SUR LA FRANCE.
CE SOIR, IL M'A APPELÉ DU SYD MEAD HÔTEL OÙ L'UN DES CHEFS DE LA PIEUVRE A ÉLU DOMICILE...
NOZEK HASLERT! NOUS L'AVONS VU, CE MATIN AU STADE CHARLETY, IL AVAIT RENDEZ-VOUS AVEC UN REPRÉSENTANT DE DÉMO-K!
JE CRAINS QUE MON ESPION AIT ÉTÉ DÉMASQUÉ ET QU'IL SOIT PERDU! IL ALLAIT M'ANNONCER UNE INFORMATION IMPORTANTE RELATIVE À MONSIEUR KOUINE QUE NOUS SURNOMMIONS LE "POISSON-PILOTE". SA DERNIÈRE PHRASE FUT : LE POISSON-PILOTE N'EST PAS UN... UN QUOI?
CE QUI SIGNIFIE : MONSIEUR KOUINE N'EST PAS UN... EN EFFET, KOUINE EST UN MYSTÈRE! L'AMIE DE POLKA, VÉNEZZIA... PENSE QUE C'EST PEUT-ÊTRE UN ACTEUR QUI PREND LES TRAITS DE KOUINE...
UNE PROBABILITÉ...
MON INFORMATEUR A ÉTÉ INTERROMPU AU MOMENT OÙ IL ALLAIT ME LIVRER LA SOLUTION! DIEU SEUL SAIT CE QUE CE MALHEUREUX EST DEVENU À CETTE HEURE!
VENDREDI, 1 HEURE... TROISIÈME VICTIME DE DÉMO-K.
45

DIMANCHE, 13 HEURES 55...
STADE CHARL
L'HYSTÉRIE COLLECTIVE...!
PARFAITEMENT MISE EN SCÈNE PAR DÉMO-K! DU GRAND PROFESSIONNALISME!
J'AI CONFECTIONNÉ CES LUNETTES À VOTRE ATTENTION... VOUS NE LES METTREZ QUE LORSQUE JE VOUS LE DEMANDERAI!
DANS QUEL INTÉRÊT? À QUOI DOIVENT-ELLES SERVIR ?
FAITES MOI CONFIANCE! VOUS NE SEREZ PAS DÉÇUS!
DIMANCHE, 14 HEURES... MONSIEUR KOUINE ENTRAIT EN SCÈNE...
IL SERAIT LA QUATRIÈME VICTIME DE DÉMO-K...
46

JE SALUE **LA FRANCE! LA FRANCE PROPRE ET FORTE!** LA FRANCE DU PROGRÈS!
NE QUITTEZ PAS LE PODIUM DES YEUX, MAIS ENFILEZ VOS LUNETTES MAINTENANT!
PUISQUE TU Y TIENS!
C'EST IMPOSSIBLE!
MAIS... OÙ EST-IL PASSÉ?
?
JE REPRÉSENTE CE PROGRÈS! JE SUIS CE QUE VOUS RÊVEZ DE MIEUX POUR NOTRE PAYS!
MONSIEUR KOUINE EST DEVENU INVISIBLE!
NON! PAS INVISIBLE! SI VOUS ENLEVEZ CES LUNETTES, VOUS LE VERREZ À NOUVEAU. LA RÉALITÉ EST QUE MONSIEUR KOUINE **N'EXISTE PAS!**
IL N'EXISTE PAS? ÇA VEUT DIRE QUOI?
C'EST UNE IMAGE VIRTUELLE PROJETÉE PAR DES ÉMETTEURS CACHÉS. LE SON DE SA VOIX VIENT SANS DOUTE DU PUPITRE. C'EST UNE MARIONNETTE MODERNE! JE SUIS PARVENU À FABRIQUER CES LUNETTES QUI EFFACENT L'IMAGE PROJETÉE EN HOLOGRAMME! UNE IMAGE D'UNE PERFECTION PARFAITE! AVEC SON VOLUME... SON "GRAIN" DE VIE...
II 47

POLYCRAFT, TU ES UN GÉNIE! JE COMPRENDS TOUT... LA FAMEUSE SALLE BLINDÉE DU SIÈGE DE DÉMO-K...! BIEN SÛR!
KOUINE NE POUVAIT PAS EN RESSORTIR PUISQU'ON Y AVAIT ÉTEINT SON IMAGE!
JE SAIS CE QU'IL NOUS RESTE À FAIRE!
KOUINE N'A JAMAIS EXISTÉ! C'EST UNE INVENTION DU GROUPE OXA ET DE DÉMO-K! UN PRÉSENTATEUR MODÈLE PUIS UN CANDIDAT PARFAIT!
ET VOILÀ QU'ON TRAQUE MAINTENANT DES FANTÔMES... QUEL MÉTIER!
COUCHÉ! POLICE!!!
DIMANCHE 14 HEURES 25...
C'EST ICI...
ON NE PEUT PAS ENTRuuunff...
LE SAINT DES SAINTS! JE SUIS IMPATIENT DE VOIR COMMENT CES SALOPARDS S'Y PRENNENT!
3...5...2...1
QUELLE MERVEILLE!
!?!
48

KOUINE...
KOUINE!
KOUINE!..
QU'EST-CE QUI LUI ARRIVE?
IL NE BOUGE PLUS... NE DIT PLUS RIEN...
JE... JE VIENS DE RÉFLÉCHIR... JE CROIS QUE POUR LE MAINTIEN D'UNE VÉRITABLE DÉMOCRATIE, JE DOIS ME RETIRER...
M'EFFACER!!
MAIS!!! À QUOI JOUENT-ILS AU SIÈGE? ILS SONT DEVENUS FOUS!
REGARDEZ!!! REGARDEZ MONSIEUR KOUINE!!
OUI... IL EST PLUS JUSTE QUE JE M'EFFACE DEVANT MES CONCURRENTS QUI SONT DE CHAIR ET DE SANG...

JE N'ÉTAIS QU'UN FANTÔME... LE FANTÔME DE CE QUE POURRAIT ÊTRE UN RÉGIME BÂTI SUR L'ILLUSION! UN PANTIN RIDICULE QUI DOIT QUITTER LA SCÈNE ET LAISSER LA PLACE AUX HOMMES, AVEC LEURS DÉFAUTS ET LEURS QUALITÉS...
... LES HOMMES AVEC LEURS RÊVES, LEURS ESPOIRS ET LEURS ERREURS!
JE N'AI JAMAIS EXISTÉ!
LE RÉGUL SE MIT À RECOUVRIR PARIS, EFFAÇANT À SON TOUR LES AFFICHES DES MURS OÙ MONSIEUR KOUINE SOURIAIT À L'AVENIR, PROMETTANT D'INVRAISEMBLABLES CHIMÈRES... NOUS ÉTIONS UN CERTAIN DIMANCHE...
CAPRICIOZA
PROJECTION PRIVEE
KORINEX
BRIHO
CD ROM SCHWARZ
RUDE THE DUDE
SCHOTT
GABY
ET VOILÀ! NOUS VENONS DE COMMETTRE L'ASSASSINAT DU PREMIER CANDIDAT VIRTUEL À LA PRÉSIDENCE DE LA RÉPUBLIQUE!..
QUI NOUS DIT QUE C'EST LE PREMIER, POLKA? OU LE SEUL?
II 50
FIN